La légende de Mélusine

Castor Poche
Collection animée par
François Faucher, Hélène Wadowski,
Martine Lang et Soazig Le Bail

Une production de l'Atelier du Père Castor

MICHÈLE PERRET

La légende de Mélusine

Castor Poche Flammarion

Michèle Perret, l'auteur, est née à Oran en février 1937.

Depuis de nombreuses années, elle enseigne l'histoire de la langue française, la langue et la littérature du Moyen Âge principalement à l'université de Paris X–Nanterre, mais aussi en Finlande, en Espagne, en Californie. Auteur d'ouvrages érudits, elle a également rendu accessible, en les traduisant en français moderne, deux textes du XIIIe et du XVe siècle, *Le Bel Inconnu* et *Le Roman de Mélusine,* un roman qu'elle s'est attachée à faire connaître par des émissions de radio, des articles et des colloques, en France comme à l'étranger.

Aquarelliste à ses heures, elle aime aussi la peinture, le jazz et les grands après-midi de lecture.

Philippe Mignon, l'illustrateur, a d'abord étudié l'architecture avant de se consacrer à l'illustration. Il a déjà publié de nombreux livres, dont plusieurs recueils de fables, contes et nouvelles.

La légende de Mélusine :

Punie pour une faute qui ressemble plutôt à une grosse bêtise d'enfant, Mélusine est une jeune fée condamnée à errer, le plus souvent sous forme de serpent, jusqu'à ce qu'elle rencontre un homme qui veuille bien l'épouser et ne jamais chercher à la voir le samedi. Le jeune Raymondin, perdu et désespéré, tombera amoureux d'elle et acceptera ses conditions : elle l'aidera alors à fonder une des familles les plus puissantes du monde féodal et, dans un climat de croisades imaginaires, ses fils se tailleront des royaumes à la pointe de l'épée.

Mais Raymondin saura-t-il tenir sa promesse ?

Avant-propos

« *Telle est la véridique histoire de la puissante forteresse de Lusignan en Poitou et de la noble lignée qui est issue de la fondatrice de cette forteresse, lignée qui régnera jusqu'à la fin du monde...* » nous dit Jean d'Arras, un auteur de talent dont nous ne connaissons que le nom. En pleine guerre de Cent Ans, il écrivit en français la légende de Mélusine sur les ordres de son seigneur Jean de Berry, un prince du sang qui venait de reprendre la forteresse de Lusignan aux Anglais et se croyait un peu parent avec la fée poitevine. Et notre auteur d'affirmer bien haut l'authenticité de son histoire puisqu'il s'est appuyé sur de « vieilles chroniques » latines pour écrire dans cette *Noble histoire des Lusignan ou Roman de Mélusine* les conquêtes tumultueuses des seigneurs de Lusignan et les amours de leurs ancêtres, le jeune Raymondin et Mélusine la fée.

Véridique, l'histoire de Mélusine ? Autant – et aussi peu – que celle de d'Artagnan dans *Les Trois*

Mousquetaires, car l'histoire que j'adapte ici est un vrai roman historique, peut-être le premier du genre, et ses sources sont la tradition orale, souvent sujette à caution.

Il exista réellement jadis une bruyante famille poitevine, celle des comtes de Lusignan, dont la généalogie connue – un certain Hugues de Lusignan et sa fille, Mélisende de Lusignan-Parthenay – remonte aux années 1060, soit un peu moins de soixante ans avant la première croisade.

Quand les croisades commencèrent, comme bien des cadets de famille de l'époque, costauds et bagarreurs, pieux et impitoyables, des descendants de Mélisende de Lusignan s'embarquèrent pour la Terre sainte, attirés par l'espoir d'une réputation et – pourquoi pas ? – de terres à conquérir par leur vaillance. Le mirage de l'Orient faisait rêver tous ces garçons sans terre, et ce mirage leur semblait un rêve honnête et juste, puisqu'ils partaient défendre leur foi. Un autre mirage faisait s'enflammer leur imagination : l'espoir fou de découvrir, quelque part dans le monde, une jeune orpheline, héritière d'un fief ou d'un royaume et qui, au vu de leur bravoure et en échange de leur protection, leur donnerait sa terre et son cœur. Une jeune héritière… ou alors une fée, une ravissante inconnue rencontrée près d'une fontaine, qui, par amour pour eux, ferait couler l'or à foison – ils adoraient que leurs conteurs leur récitent de telles histoires, les mettent en garde contre les dangers de telles aventures et leur disent comment réussir à attirer les fées dans le monde des mortels au lieu de disparaître eux-mêmes dans le monde immortel des fées !

Et pour le beau Guy de Lusignan, le rêve se réalisa : ce ne fut pas une fée qu'il trouva sur son chemin, mais une jeune princesse sans mari, Sibylle de Jérusalem. Guy devint ainsi, en 1186, roi de Jérusalem. Mais cette royauté dura peu : la reconquête musulmane était alors menée par un héros chevaleresque, le célèbre Saladin, qui reprit la ville de Jérusalem aux chrétiens. Guy, pour consolation, reçut le royaume de Chypre, que les Lusignan gouvernèrent jusqu'en 1473. Le mari d'une de ses nièces, Léon, devint à son tour, dans cet Orient lointain, roi d'Arménie ; le dernier de ses descendants en fut chassé par les Turcs en 1375, peu de temps avant que notre romancier du XIVe siècle, Jean d'Arras, ne se mette à son travail.

C'est probablement dans ces terres lointaines que prit forme la légende de Mélusine et que les puissants princes de Lusignan firent mettre par écrit, en latin, l'histoire de leur famille. Rien ne le prouve avec certitude, mais certains éléments en sont des indices : le fait que, dans l'histoire, ce soient les fils aînés et non les cadets qui deviennent rois d'Arménie et de Chypre, la place accordée au voyage de Geoffroy la Grande Dent outre-mer, les aventures des deux sœurs de Mélusine, le nom même de l'une d'entre elles, Palestine, et l'impossibilité de reconquérir la « Terre de Promission », la Terre promise, cette Jérusalem que Guy de Lusignan n'avait pas su conserver ! Tout cela donne à penser que c'est plutôt au Moyen-Orient qu'en France que la première version de la légende est née.

D'autres éléments historiques : un Amaury et un Geoffroy de Lusignan, qui secondèrent leur frère Guy dans ses combats outre-mer, un second

Geoffroy de Lusignan, quelques générations plus tard, qui, lui, incendia l'abbaye de Maillezais au cri de « Dieu non est », l'alliance des Lusignan avec les familles de la Marche, de Parthenay, de Forez et de Luxembourg, étaient encore aussi, confusément, dans les mémoires. Ceux qui écrivirent les « anciennes chroniques » utilisèrent ces souvenirs, en les enjolivant sans doute pour les rendre plus vraisemblables.

Quant à l'élément légendaire, il vient peut-être d'une mode de l'époque, qui voulait que l'on fît figurer, à l'origine des grandes familles, un personnage merveilleux : un enfant-cygne pour Godefroy de Bouillon, une démone pour les rois d'Angleterre, une femme-serpent pour les Lusignan. Cela rendait les généalogies encore plus intéressantes que ne le fait la possibilité, de nos jours, de se prévaloir d'un château hanté ! Car l'histoire de Mélusine, qui a dû longtemps se transmettre oralement avant de trouver sa forme définitive, n'a rien d'original. C'est un vieux thème du folklore international qui exprime une peur ancestrale : celui de la femme mystérieuse et séduisante dont le mari découvre un jour qu'elle n'est pas de nature humaine et qui disparaît alors en hurlant, sous la forme d'un animal. C'est aussi une résurgence du culte gaulois des nymphes des fontaines, dansant au clair de lune par groupes de trois. C'est enfin une de ces innombrables histoires de fées amoureuses d'un chevalier à qui elles apportent la fortune...

Il devait exister une légende de ce type dans les lieux sauvages, parcourus d'eaux vives et entourés de marécages, où le premier Lusignan fonda sa forteresse ; sans doute parut-il bon, pour frapper les esprits, d'unir les nouveaux seigneurs et la dame ancienne. C'est ainsi que les Lusignan s'approprièrent la fée, dont le nom, assez tard apparu, rappelle soit le leur, soit celui de l'ancêtre lointaine, Mélisende de Lusignan-Parthenay.

Quelle est la part de Jean d'Arras dans l'élaboration de l'histoire, dans la remise en forme et la condensation des événements réels ? La comparaison des deux textes qui nous sont parvenus laisse deviner quelle était la trame du conte ancien : Mélusine et sa faute, Raymondin et le sanglier, les dix frères et leurs conquêtes, Geoffroy et les géants étaient vraisemblablement déjà dans l'ébauche disparue. Mais Jean d'Arras, qui écrit dans une belle prose de la fin du XIVe siècle, fait œuvre d'imagination. Il amplifie les détails, étoffe les personnages : Raymondin, qu'il envoie reconquérir les terres bretonnes de son père, et Geoffroy, dont il raconte les équipées outre-mer, en Irlande (fusionnant les deux Geoffroy historiques en un seul) ainsi que son extraordinaire victoire finale sur le diable, dont les prétentions à l'égard de Lusignan se manifestaient par un tribut de dix sous sur le pommeau de la tour ! Il mélange ou condense les époques : le temps des défrichages du haut Moyen Âge, le temps des croisades et le temps des canons de la guerre de Cent Ans. Il invente des comportements qui donnent de la profondeur psychologique à ses personnages : le refus de Mélusine d'être fée ; le désir inconscient de Raymondin, malgré ses dénégations, d'être celui dont son oncle a lu le destin dans les astres ; les sentiments quasi humains – fureur, violence, ruse – du sanglier légendaire ; l'émotion des princesses devant la laideur musclée des jeunes Lusignan ; le caractère primaire de

Geoffroy, qui a la générosité et la férocité d'une force que rien ne détourne. Enfin, il suggère des ressemblances troublantes entre Mélusine et la dame du Forez ou entre Geoffroy et le sanglier (ne serait-ce pas Mélusine elle-même qui aurait créé le sanglier ?) et il se garde de tout expliquer : d'où viennent tous ces gens qui construisent Lusignan ? pourquoi les enfants de Mélusine portent-ils des marques étranges ? d'où vient la cruauté d'Horrible ? qui mène le dernier combat avec Geoffroy ? Mélusine est-elle une bonne dame chrétienne, comme on ne cesse de le dire ouvertement, ou une force maléfique, comme bien des détails le suggèrent ? Tout l'intérêt romanesque vient de ces trouvailles, qui donnent à la création de Jean d'Arras une réelle valeur littéraire.

Quant à la légende, elle est toujours vivace : allez en terre poitevine et vous verrez la haute falaise sur laquelle s'élevait la forteresse aujourd'hui détruite, vous verrez les ruines de la puissante abbaye de Maillezais, vous verrez des dizaines de châteaux dont on vous dira qu'ils ont été construits par la bonne dame, qui transportait, la nuit, les pierres dans son tablier, et, sur le bord de la fenêtre de l'un d'entre eux, vous verrez l'empreinte qu'elle laissa de son pied, le jour où elle s'envola pour ne plus jamais revenir…

Michèle Perret

1. Élinor et Pressine

Il y a très longtemps vivait, au pays d'Albion ou d'Albanie, un roi très noble et très puissant qui s'appelait Élinor. Sa femme était morte en lui laissant un fils.

Or, un jour d'été, alors qu'il chassait dans une forêt des bords de mer, il fut pris d'une très grande soif. S'approchant d'une source qu'il connaissait, non loin de là, il lui sembla qu'il entendait un chant, si mélodieux qu'il crut un instant que c'était la voix d'un ange ! Pour s'en assurer, il descendit de cheval et s'approcha tout doucement de la source en essayant de se cacher dans les buissons. Et quand il fut assez près, il s'aperçut que ce n'était pas un ange qui chantait, mais une femme, la plus belle qu'il eût jamais vue. Alors, il s'arrêta, ébloui par sa rayonnante beauté : elle était plus belle qu'une fée, plus gracieuse qu'une nymphe, plus enchanteresse qu'une sirène et, ignorant sa présence, elle continuait à chanter de sa voix douce et pure.

Oubliant sa chasse, oubliant sa soif, Élinor resta très longtemps caché derrière les buissons, comme interdit, complètement fasciné par ce qu'il voyait et ce qu'il entendait. Émerveillé par le chant de la dame et par sa beauté, il demeurait immobile, plongé dans une si profonde rêverie qu'il ne savait plus s'il veillait ou s'il dormait. Enfin, ses chiens arrivèrent et se mirent à lui faire fête. Il sursauta alors, comme quelqu'un qui se réveille d'un profond sommeil, et sa soif redevint tout à coup si pressante que, sans réfléchir, il alla vers la fontaine et se mit à boire.

Surprise, la dame s'était arrêtée de chanter ; il s'approcha d'elle et, après l'avoir très courtoisement saluée, il lui dit :

— Qui êtes-vous, Madame ? Quelle est votre famille ? Pardonnez mon indiscrétion, mais je connais bien cette région et je sais qu'il ne s'y trouve, à des lieues et des lieues à la ronde, ni forteresse ni château d'où pourrait être venue, à pied et sans compagnie, une dame de votre qualité, aussi belle et aussi élégamment vêtue que vous.

— Seigneur chevalier, répondit la dame, votre question n'est pas indiscrète et j'y répondrai volontiers. En fait, je ne suis pas seule : je suis venue ici avec toute ma suite, mais j'ai demandé à mes gens de se tenir à l'écart pour me laisser me reposer tranquillement dans cette belle clairière.

À peine achevait-elle de parler qu'arriva un jeune écuyer richement vêtu, menant par la bride un palefroi harnaché d'or, d'argent et de pierreries ; le roi Élinor, ébloui, se dit qu'il n'avait jamais rien vu d'aussi somptueux.

— Madame, dit l'écuyer, quand il vous plaira de venir, les chevaux sont reposés et tout est prêt maintenant pour le départ.

La dame prit alors congé du roi en le remerciant de son amabilité. Tandis que le roi retournait pensivement à son cheval, ses gens, qui le cherchaient, arrivèrent et lui dirent qu'ils avaient pris le cerf.

— Voilà qui est bien, dit le roi, qui ne s'intéressait plus vraiment à la chasse. Mais partez en avant, je vous rejoindrai bientôt.

Et il se lança à bride abattue à la poursuite du cortège, si longtemps qu'il finit par le rattraper avant qu'il ne quitte la forêt.

Dans la douceur sereine du soir d'été, la dame avait entendu la course du cheval du roi :
— Arrêtons-nous un instant, commanda-t-elle à ses gens, et attendons ce chevalier car je crois qu'il a oublié de me dire quelque chose tout à l'heure à la fontaine.

Le cortège s'arrêta et le roi se précipita vers la dame en manifestant beaucoup d'agitation. Il la salua comme s'il ne l'avait jamais vue, si éperdu d'amour qu'il ne trouvait pas ses mots. Mais la jeune femme, elle, n'ignorait rien, ni de lui ni de ses sentiments.
— Roi Élinor, lui dit-elle, ai-je emporté quelque chose qui vous appartenait ? Que venez-vous chercher ici près de moi ?

Très étonné de s'entendre appeler par son nom puisqu'il ne la connaissait pas, le roi bafouilla qu'il était venu lui faire escorte, par courtoisie, parce qu'elle était étrangère et que c'était son royaume qu'elle traversait.
— Si ce n'est que cela, répondit la jeune femme, je vous remercie de votre obligeance, mais vous pouvez vous en retourner : ma propre escorte me suffit.
— Mais j'ai encore autre chose à vous dire, Madame, si vous le voulez bien.
— Et quoi donc ? Parlez sans crainte.

— Madame, voulez-vous m'épouser ?

La dame, touchée par l'amour qu'elle voyait en lui, accepta, à l'expresse condition qu'il lui promette qu'il ne la verrait jamais nourrir les enfants qu'elle aurait de lui. Le roi Élinor lui en fit la promesse et ils furent bientôt mariés, bien que les sujets du roi se demandassent qui était cette dame dont ils voyaient qu'elle était belle et sage mais dont ils ignoraient les origines.

Ils coulèrent ainsi des jours heureux, mais le roi Élinor, bien malgré lui, finit par trahir sa promesse. En effet, alors qu'il était en voyage, la reine, qui était enceinte, mit au monde trois petites filles*. Quand il revint, le fils du roi, qui détestait sa belle-mère et connaissait la promesse que le roi lui avait faite, se précipita à la rencontre d'Élinor et lui dit :

— Père, père, allez vite voir madame la reine Pressine, votre femme, qui vient de donner le jour à trois très belles petites filles.

Le roi se précipita dans la chambre de sa femme, qu'il trouva en train d'allaiter

* Les naissances multiples ne sont pas très appréciées au Moyen Âge. Ces triplées sont donc un indice de la nature féerique et même un peu maléfique de la reine Pressine.

l'un des bébés. Désespérée d'avoir ainsi été surprise, la reine ne put alors que le maudire :

— Tu as manqué à ta promesse, roi Élinor, et cela fera ton malheur et le mien : sache que tu m'as perdue à tout jamais !

Et sur ce, elle prit ses trois petites filles avec elle et s'évanouit dans les airs. On ne la revit plus jamais dans ce pays. Le roi en fut désespéré, il regrettait sa femme et ses trois enfants et se lamentait pitoyablement, presque incapable de gouverner son royaume.

2. La malédiction des jeunes fées

Après avoir quitté son mari, la reine Pressine emmena ses trois filles dans l'île féerique d'Avallon, dont nul mortel ne peut trouver le chemin, et elle y éleva ses filles jusqu'à l'âge de quinze ans. Souvent, elle les menait sur une haute montagne d'où l'on pouvait voir les côtes d'Albanie, et, en pleurant, elle leur disait que c'était là le pays où elles étaient nées et qu'elles auraient eu en héritage, sans la trahison de leur père, qui les avait plongées dans une terrible misère. Et elle leur racontait toute l'histoire que vous connaissez.

Aussi, quand elle eut quinze ans, Mélusine, l'aînée des trois filles, prit à part ses deux sœurs Mélior et Palestine et leur dit :

— Mes sœurs, c'est notre père qui nous a condamnées à la misère. Nous aurions pu vivre dans l'opulence, mais il a honteusement trahi notre mère en reniant la promesse qu'il lui avait faite. Il convient que nous la vengions et que notre père connaisse à son tour l'exil et le malheur.

Et Mélior et Palestine acquiescèrent :

— Vous êtes l'aînée, Mélusine, et vous avez raison. Nous nous associons donc à votre décision.

Croyant ainsi faire preuve d'amour filial, les trois jeunes fées utilisèrent leur pouvoir magique pour s'emparer de leur père qu'elles enfermèrent à tout jamais dans les grottes d'une montagne du pays de Northumberland. C'était une montagne enchantée, le mont de Brumborenlion*, d'où il était impossible de sortir.

Puis, très contentes de leur exploit, elles allèrent trouver leur mère et lui dirent :

— Mère, cesse de te désespérer. Si notre père a été déloyal avec toi, il est désormais puni : nous l'avons enfermé dans la montagne de Brumborenlion, où il finira ses jours dans la peine et le chagrin.

* Il n'y a pas de mont de ce nom dans le Northumberland, mais une ville y porte le nom, assez proche, de Bomborough.

— Hélas ! s'écria Pressine, qui savait déjà. Filles maudites, au cœur plein de haine ! Qui vous avait demandé de punir l'auteur de vos jours ? Pourquoi cette cruauté et cette fourberie ? Même si je me plaignais de sa trahison – dont il avait été déjà bien sévèrement puni –, votre père était toute la douceur de ma vie, c'est de lui que me venait le peu de bonheur que je pouvais avoir en ce monde, et vous me l'avez retiré. Soyez sûres que je saurais vous en récompenser comme vous le méritez. Puisque votre père était un humain, vous auriez pu toutes trois échapper à votre condition de fées, mais puisque vous l'avez emprisonné, vous serez condamnées à vivre sans repos jusqu'au jour du jugement dernier*.

Elle s'adressa alors à Mélusine :

— Toi Mélusine, qui es l'aînée, tu aurais dû être la plus raisonnable, mais c'est toi, je le sais bien, qui as eu l'idée de ce méfait. Aussi, tu seras la première punie. Je te condamne à devenir serpente, tous les samedis, du nombril au bas du corps. Cependant, si tu rencontres un homme qui veuille bien t'épouser et qui accepte de ne jamais te voir le samedi et de ne jamais en

* Dans la légende de Mélusine, être fée est plutôt ressenti comme une malédiction.

parler, tu couleras les jours d'une femme normale, tu auras des fils de grande valeur qui donneront une glorieuse renommée à ton lignage et, le jour venu, tu pourras connaître le repos de la mort. Tandis que, s'il manque à son serment, tu redeviendras serpente jusqu'à la fin des temps. Et tu n'apparaîtras plus que pour annoncer un malheur ou la mort de l'un de tes descendants.

Puis la reine Pressine se tourna vers Mélior, qu'elle condamna à vivre éternellement dans un château d'Arménie où elle aurait la garde d'un épervier magique. Nul chevalier ne pourrait prétendre à son amour. Quant à Palestine, elle fut enfermée dans la montagne du Canigou avec le trésor de son père, protégée par d'horribles monstres, dans l'espoir qu'un chevalier de son lignage viendrait un jour la délivrer et utiliser son trésor pour conquérir la Terre promise.

Accablées de chagrin, les trois jeunes fées quittèrent alors leur mère. Mélior et Palestine se rendirent dans les lieux qui leur avaient été assignés tandis que Mélusine se mit à mener une vie errante, par les grands bois et les marécages, en attendant son destin.

Quant au roi Élinor, il demeura longtemps dans la montagne. Quand il mourut,

Pressine se rendit dans la grotte et lui construisit en pleurant un tombeau magnifique au pied duquel elle se représenta par une statue d'albâtre à son image, portant une tablette d'or où étaient gravés tous les faits racontés ici. Et pour garder ces lieux, elle installa dans la montagne un géant terrible, qui ravageait la région et empêchait à quiconque de s'approcher.

3. Le sanglier mystérieux

On lit dans les vieilles chroniques que, bien plus tard, il y eut un jeune seigneur de la cour du roi de Bretagne qui, pour avoir involontairement tué le neveu du roi, encourut sa colère et dut s'exiler. Il abandonna ses terres, prit tout l'or qu'il possédait et alla se réfugier dans le Forez, qui était alors une région couverte de forêts sauvages. On dit que lui aussi rencontra là, près d'une source, une mystérieuse fée errante qui, pour obtenir son amour, l'aida à défricher les bois pour en faire des terres fertiles et y construisit villes et forteresses. Mais le jeune seigneur ne se laissa pas séduire. Bien au contraire il épousa une jeune fille de haute naissance, la sœur du comte de Poitiers, qui lui donna plusieurs très beaux enfants. Le troisième, surtout, le petit Raymondin, était d'une exceptionnelle beauté, si bien que le puissant comte de Poitiers son oncle, quand il le vit, demanda au père du jeune garçon de l'envoyer à sa cour et de ne plus s'inquiéter pour lui : il l'élèverait avec son propre fils et assurerait son avenir. Le père, qui avait de nombreux enfants à pourvoir*, accéda à cette requête et Raymondin demeura avec le comte son oncle, qui lui accorda toute son affection.

L'adolescent l'aimait aussi de tout son cœur et s'efforçait de bien le servir et de lui faire plaisir en tout : il s'occupait en particulier des chiens et des oiseaux de chasse** dont le comte avait la passion.

Un jour, l'un de ses gardes forestiers vint annoncer au comte de Poitiers qu'il avait vu dans la forêt de Coulommiers un sanglier d'une taille et d'une force exceptionnelles. Le comte pensa que ce serait là l'une des plus belles chasses qu'il ait jamais faites

* Seul le fils aîné héritait des terres du père. Les autres fils pouvaient choisir l'É glise ou se mettre au service d'un grand seigneur. Ils espéraient tous voler à la défense de riches héritières et les épouser, comme le feront les enfants de Mélusine.

** La chasse au faucon était un loisir très apprécié.

et ordonna à ses veneurs de tout préparer pour le lendemain.

Et les voici partis de bon matin : veneurs et chiens, chevaliers et barons à cheval. Raymondin en était, bien sûr : il chevauchait près de son oncle, l'épée au côté, un gros épieu de bois avec une pointe de fer acérée suspendu à son cou. Le fils du comte, son cousin, était resté à Poitiers pour y remplacer son père. Quand ils arrivèrent dans la forêt, la chasse commença. Mais le sanglier était cruel et rusé : il eut vite fait de déchiqueter plusieurs chiens. Quand les veneurs s'approchaient, il les chargeait avec violence ; quand les chevaliers et leurs écuyers s'approchèrent à leur tour, il devint si menaçant que nul n'osa le frapper. Le comte s'écria alors :

— Comment ? Allons-nous tous nous laisser paralyser par ce fils de truie ?

À ces mots, Raymondin descendit de son cheval, l'épieu au poing, s'avança sur le sanglier écumant et le frappa entre les deux épaules. Mais le sanglier esquiva et s'enfuit, tandis que Raymondin, emporté par son coup, tombait à la renverse. Veneurs et chiens furent désorientés par cette fuite rapide ; Raymondin, lui, remonta vivement sur son cheval et s'élança à la poursuite de la bête, bientôt suivi du comte et de tous ses chevaliers. Toute la scène n'avait duré qu'un instant !

La poursuite dura longtemps : il semblait que le sanglier les entraînait au plus profond du bois. Bientôt, tous les chevaux commencèrent à perdre leurs fers et à traîner. Seuls Raymondin et son oncle, montés sur d'excellents chevaux, continuèrent la poursuite jusqu'à la nuit noire.

Alors, ils s'arrêtèrent sous un grand arbre et le comte dit à Raymondin :

— Restons ici, mon neveu, jusqu'à ce que le jour se lève.

Ils descendirent donc de cheval. Raymondin prit sa pierre à feu et alluma un feu*.

C'était une belle nuit de pleine lune, les étoiles scintillaient dans un ciel sans nuages. Le comte, fort savant en astronomie, se mit à regarder le ciel et ce qu'il lut dans les étoiles lui parut si extraordinaire qu'il se mit à soupirer.

— Ah, Raymondin, s'écria-t-il, si tu savais quel événement extraordinaire je lis dans les étoiles, tu serais frappé de stupeur !

— Laissez donc là les étoiles, mon oncle, et venez plutôt vous réchauffer auprès du feu.

* Pas d'allumettes, bien sûr, à cette époque !

— Écoute-moi, Raymondin, voici ce qui doit arriver : je lis dans les étoiles que si, à cette heure même, un sujet tuait son seigneur, il deviendrait un homme très riche, très puissant et très honoré et il naîtrait de lui une si noble lignée qu'on en parlerait jusqu'à la fin des temps. Je souhaiterais presque que cette aventure nous concerne, toi et moi : je suis bien vieux, maintenant, et toi, tu es plein de jeunesse et de vaillance, mais sans fortune. Je t'aime tant que je voudrais que ce soit à toi qu'échoie un si noble destin !

Raymondin répondit qu'il ne pourrait jamais croire qu'une chose pareille fût vraie car il était injuste qu'une trahison mortelle apportât à un homme une telle récompense.

— Et pourtant c'est vrai, dit le comte. Les étoiles ne mentent jamais.

— Eh bien moi, répondit Raymondin, je ne le crois pas : ce serait un péché que de le croire.

À peine avaient-ils fini de parler qu'ils entendirent un grand vacarme de branches brisées et que le sanglier, énorme, couvert d'écume, montrant les dents, se précipita vers eux, épouvantable.

En l'entendant venir, le comte avait dégainé son épée et Raymondin avait pris son épieu.

— Montez sur cet arbre, mon oncle, pour que ce sanglier ne vous fasse pas de mal, et laissez-moi faire, dit-il en s'élançant sur le sanglier, l'épieu au poing.

Le sanglier changea soudain de direction et courut sur le comte. Celui-ci voulut l'enferrer sur son épée, en profitant de la force de l'élan de la bête, mais le sanglier avait le cuir si épais qu'il semblait invulnérable. Le coup glissa et le comte tomba à la renverse. Raymondin se précipita alors au secours de son oncle et frappa de son épieu le sanglier qui chargeait. Hélas ! le coup glissa encore, l'épieu s'échappa des mains du jeune homme et atteignit au nombril le comte qui ne s'était pas encore relevé, le traversant de part en part. Raymondin reprit l'épieu et frappa le sanglier qui s'abattit, raide mort. Puis il se dirigea vivement vers son oncle pour lui porter secours : en vain, il était mort lui aussi.

Désespéré par ce meurtre involontaire, Raymondin se sentit coupable de trahison. Jamais plus il n'oserait retourner à Poitiers, il méritait, pensait-il, non la fortune, mais les plus grands supplices, il souhaitait que la terre l'engloutisse.

Après avoir pleuré longtemps, il finit par s'approcher de son seigneur et il l'embrassa, triste et accablé. Il lui croisa les mains sur la poitrine, lui ferma les yeux, remonta à cheval et s'enfuit au galop à travers la forêt, sans savoir où il allait, complètement hébété par son malheur.

4. La fontaine de Soif

En proie à ce terrible chagrin, Raymondin chevaucha ainsi au hasard, si bien que la nuit le surprit au milieu d'une profonde forêt. À minuit, il arriva à une source que l'on appelait la fontaine de Soif. Or c'était une fontaine enchantée, les gens racontaient qu'on y avait souvent vu se produire des apparitions merveilleuses. Le site était impressionnant : un escarpement rocheux surplombait des arbres particulièrement hauts et touffus, l'eau surgissait en bouillonnant dans une grotte sombre, puis, après avoir traversé la haute futaie, s'écoulait dans une belle prairie. Comme la veille, la lune luisait claire dans le ciel, et le cheval de Raymondin le portait à son gré, où il voulait, car son maître, accablé par le chagrin, était privé de toute volonté et comme endormi*. Il passa en galopant devant la source, sans voir trois ravissantes jeunes filles qui riaient et plaisantaient au clair de lune. Celle des trois que son éblouissante beauté et la richesse de ses vêtements désignaient comme la maîtresse des deux autres dit alors à ses compagnes :

— Eh bien, ce jeune homme a beau avoir l'air noble, il faut qu'il soit le dernier des rustres pour passer aussi ostensiblement devant nous sans nous saluer ! Je vais aller lui parler !

En fait, elle savait très bien qui il était, mais elle ne le montrait pas encore. Elle s'approcha de lui, prit hardiment son cheval par la bride et l'arrêta tout net en disant :

— Holà ! jeune homme, depuis quand passe-t-on ainsi devant des dames de qualité sans les saluer ? Êtes-vous prétentieux ou malappris ?

Raymondin, qui n'avait rien entendu, ne

* Les gens du Moyen Âge appelaient cet état un état de « dortveille » et croyaient qu'il était propice aux aventures surnaturelles.

répondit pas. La dame feignit alors la colère et s'exclama :

— Comment, jeune sot, c'est bien de prétention qu'il s'agit, puisque vous ne daignez même pas me répondre !

Et l'autre ne disait toujours rien.

— Eh bien, je crois que ce jeune homme dort sur son cheval. À moins qu'il ne soit sourd et muet ? Mais si ce n'est pas le cas, je saurai bien le faire parler.

Elle le prit par la main, le tirant énergiquement :

— Seigneur chevalier, dormez-vous ?

Raymondin sursauta et brandit son épée : il croyait que les gens du comte l'attaquaient. La dame comprit qu'il ne l'avait pas encore vraiment vue et lui dit en riant :

— Seigneur chevalier, avec qui voulez-vous donc vous battre ? Sachez que je suis votre alliée.

Alors seulement Raymondin la regarda et se rendit compte qu'elle était très belle. C'était une très jeune fille, mince et rieuse, avec un teint très pâle et une petite bouche rouge cerise, des cheveux d'or fin en boucles souples autour de son visage. Ses traits étaient si purs qu'il en fut ébloui : jamais, pensa-t-il, il n'avait vu une pareille beauté ! Il sauta vivement de son cheval et s'inclina courtoisement en disant :

— Madame, je vous prie de m'excuser. Je me suis en effet montré bien grossier et insultant, mais je vous assure que je ne vous avais pas vue : je suis très préoccupé par un grave souci pour lequel j'implore l'aide de Dieu.

— Je veux bien croire que vous ne m'aviez ni vue ni entendue, Monseigneur. Mais pouvez-vous me dire où vous allez, à cette heure si tardive ? Auriez-vous perdu votre chemin ? En ce cas, je pourrais vous aider : je connais cette forêt comme ma poche.

— Grand merci de votre obligeance, Madame : je suis en effet perdu depuis ce matin et je ne retrouve pas mon chemin.

Quand elle entendit ce mensonge, elle lui dit :

— Raymondin, à quoi bon cacher l'acte que tu as commis ? Je sais très bien ce qu'il en est !

Raymondin, stupéfait qu'elle sût ainsi tout de lui, ne trouva rien à répondre. Elle poursuivit donc :

— Au nom du ciel, Raymondin, tu peux me faire confiance. À quoi bon dissimuler ? Je sais parfaitement que tu viens de tuer le comte de Poitiers ton oncle, sans le faire exprès, certes. Je connais aussi la prédiction écrite dans les étoiles dont il t'a fait part et je suis celle qui peut la réaliser. Moi seule peux transformer ton méfait en bien.

— Je ne comprends pas, Madame. Comment pouvez-vous savoir cela ? Qui a bien pu vous le dire, si vite ?

— Sache que ce n'est pas par sorcellerie que je le sais, Raymondin. Comme toi, je crois en Dieu et fuis le diable. Mais sois aussi certain que sans mes conseils, tu ne pourras pas te tirer de ce mauvais pas. Tandis que si tu veux bien me croire, tu verras s'accomplir la prédiction de ton oncle : avec l'aide de Dieu, je ferai de toi un très puissant seigneur.

Raymondin se prit à réfléchir. Qui était cette jeune fille ? D'où lui venait le pouvoir de faire de telles promesses ? Était-ce une apparition ? une personne réelle ? Voulait-elle son bien ou la perte de son âme ? Il considéra aussi les réels dangers qu'il courait : on le rendrait responsable de la mort du comte, on le condamnerait à mort et s'il pouvait s'enfuir, il mènerait une vie errante et malheureuse. Aussi décida-t-il de prendre le risque de faire confiance à cette inconnue. Il la remercia donc de son offre et lui promit de suivre ses conseils, à condition, ajouta-t-il, qu'il ne s'agît pas d'actions peu recommandables ou d'actes de sorcellerie.

— N'aie pas peur, Raymondin : je crains Dieu, comme toi, et comme toi je ne recherche que le bien et l'honneur. Mais avant toute chose, il faut que tu me promettes de m'épouser.

Ébloui par la beauté de la jeune fille et persuadé que c'était la seule chance que pourrait avoir le pauvre meurtrier qu'il était, Raymondin accepta.

— Et maintenant, il faut que tu me promettes autre chose. Je dois, chaque samedi, m'enfermer et rester seule jusqu'au lendemain matin. Tel est le sort qui a été jeté sur moi : si tu acceptes de ne pas chercher à me voir ce jour-là, et de ne même pas savoir où je serai, je ferai de toi un seigneur puissant. Mais si tu me surprends dans ma retraite, tu me perdras à tout jamais.

Raymondin, déjà épris, lui fit bien volontiers le serment demandé.

— Alors, retourne sans crainte à Poitiers. Tout le monde croira que tu t'es perdu dans la forêt, et lorsque l'on retrouvera le corps de ton oncle, il semblera à tout le monde que la plaie aura été faite par les défenses du sanglier : on pensera que ton oncle a blessé mortellement le sanglier avant que celui-ci ne le tue. Prends le deuil comme tout le monde, assiste aux grandioses funérailles que l'on fera, et la veille du jour où les seigneurs devront prêter serment au jeune comte, viens me retrouver ici. Voici, en gage de mon amour, une bague qui te protégera. Pars en toute sécurité, mon ami, tu n'as rien à craindre.

Raymondin la prit tendrement dans ses bras et l'embrassa amoureusement. Il avait déjà une confiance absolue en elle – et il avait bien raison.

5. Fiançailles dans la forêt

Lorsque Raymondin arriva à Poitiers, une grande agitation régnait dans la ville. Il rencontra plusieurs chasseurs qui étaient revenus pendant la nuit ou au petit matin et qui lui demandèrent s'il savait où était le comte leur seigneur. Raymondin feignit de s'étonner qu'il ne soit pas encore de retour et assura qu'il ne l'avait pas revu depuis le moment où ils s'étaient tous lancés à la poursuite du sanglier. Et comme tous les chasseurs, qui arrivaient maintenant en grand nombre, disaient la même chose que lui, on le crut. Tous ajoutaient qu'ils n'avaient jamais vu de chasse aussi surprenante, de sanglier aussi monstrueux, ni aussi agile et rapide. On pensait généralement qu'il devait s'agir d'un sanglier qui s'était perdu, loin de son territoire. On commençait à s'inquiéter du retard du comte ; la comtesse surtout, ainsi que ses enfants, se demandait ce qui avait pu se passer. Affluaient sans cesse des gens qui disaient qu'ils s'étaient perdus dans les bois – des bois qu'ils connaissaient pourtant très bien ! – et qu'ils avaient erré toute la nuit.

En fin de matinée, on vit arriver une troupe de gens qui revenaient aussi de la chasse, en pleurs. Parmi eux, deux veneurs portaient, en travers d'un cheval, l'énorme sanglier mort. Derrière les veneurs venait la litière sur laquelle gisait le comte. Alors, la colère et le désespoir éclatèrent :

— Ce fils de truie a tué notre bon comte Aymeri ! Maudit soit celui qui nous a proposé cette chasse !

La comtesse et ses enfants se désolaient, le peuple et les seigneurs se désolaient et Raymondin surtout se désolait encore plus que les autres, car à son chagrin se mêlaient la honte et le repentir d'avoir causé ce malheur. Il aurait été soulagé d'avouer son forfait mais le souvenir de sa dame l'en empêcha.

On ensevelit le comte, avec tous les honneurs qui lui étaient dus, en l'église Notre-Dame de Poitiers, après quoi le peuple, ivre de colère, dressa un bûcher devant l'église et brûla le sanglier.

Mais il n'est pas de douleur, si profonde soit-elle, qui ne s'atténue au bout de quelques jours. Tandis que la comtesse pleurait son mari et que Raymondin se désespérait chaque jour davantage, hanté par le remords, les seigneurs reprenaient leurs occupations et le conseil fixa bientôt le jour où ils devraient se réunir pour faire hommage au jeune comte, leur nouveau seigneur*. Quand ce jour fut connu, Raymondin, fidèle à sa promesse, monta à cheval et s'enfonça, tout seul, dans la forêt.

Il reprit le chemin qu'il avait suivi pour revenir à Poitiers, et retrouva bientôt la falaise escarpée qui surplombait la fontaine de Soif. Quelle ne fut pas sa surprise de découvrir, dans la prairie, une chapelle qu'il n'avait jamais vue et un grand rassemblement de dames, de demoiselles et de seigneurs richement vêtus et accompagnés d'une suite nombreuse ! On semblait l'at-

* Les terres n'étaient pas héréditaires : chaque fois qu'un seigneur mourait, ses vassaux devaient prêter serment de fidélité et d'assistance à son successeur ; en échange, le nouveau seigneur leur renouvelait l'attribution des terres qu'ils « tenaient » en fief.

tendre : il fut accueilli avec beaucoup de respect et mené, avec beaucoup d'égards, jusqu'à une tente* somptueuse où la jeune dame l'attendait, entourée de ses suivantes. Elle s'avança vers Raymondin et lui souhaita la bienvenue avec chaleur et tendresse, Raymondin lui rendit son compliment, puis la jeune femme le prit par la main, l'emmena dans la tente et le fit asseoir à ses côtés sur une couche** splendide. Elle le félicita alors d'avoir suivi ses conseils : elle savait déjà, bien sûr, comment il s'était comporté.

— Madame, répondit-il, vos conseils étaient si judicieux que je suis prêt à suivre tous ceux que vous pourrez encore me donner, s'il est en mon pouvoir de le faire. Mais dites-moi qui sont tous ces gens, si richement vêtus, que j'ai trouvés ici.

La dame lui répondit qu'eux, et bien d'autres qu'il rencontrerait plus tard, étaient là pour le servir et lui appartenaient

* Lorsqu'ils étaient en déplacement, les seigneurs campaient en pleine nature en faisant dresser des tentes rondes pour eux et pour leur suite, plus ou moins riches selon la qualité de leurs occupants.

** C'étaient des lits, recouverts de belles étoffes ou de fourrures précieuses, qui tenaient lieu de canapés.

désormais. Puis elle lui indiqua quelle conduite il devait tenir :

— Demain, dit-elle, tous les barons du Poitou doivent faire serment d'allégeance au jeune comte Bertrand, votre cousin. Quand ils auront terminé, vous vous avancerez à votre tour et vous demanderez au nouveau comte un don, en gage d'amitié et en souvenir de l'affection que son père vous portait. Ce sera bien peu de chose, lui direz-vous : ni ville ni forteresse, simplement, autour de la fontaine de Soif, autant de terre que la peau d'un cerf en pourra enclore ; et demandez-lui qu'il fasse de vous le seigneur de cette terre, sans devoir d'allégeance à quiconque et qu'il vous donne toutes les chartes nécessaires pour le certifier. Il vous l'accordera, je le sais.

« Le lendemain, vous rencontrerez un homme qui vendra des peaux de cerf tannées. Achetez-en une et découpez-la en une lanière, d'un seul tenant, aussi fine que possible. Ici, autour de la fontaine, vous suivrez les marques que j'aurais fait tracer pour délimiter la terre qui vous sera nécessaire. Ne vous étonnez pas que la courroie s'allonge encore : vous pourrez ainsi enclore une partie de la vallée.

« Puis, quand vous aurez pris possession

de votre terre, priez le comte, la comtesse sa mère et tous les hauts seigneurs de la contrée de venir ici, en cette prairie, pour assister à vos noces. Et qu'ils n'aillent pas se figurer que vous épousez une femme de petite condition ! S'ils vous demandent qui vous épousez, dites-leur que je suis fille de roi, l'accueil splendide que je leur réserverai les en convaincra facilement. Mais ne leur dites rien d'autre, si vous tenez à mon amour.

Raymondin lui promit volontiers de faire tout ce qu'elle lui proposait.

— Allez sans crainte, mon doux ami, tout ce que vous entreprendrez réussira ! Et revenez bien vite auprès de moi.

— Ma douce dame, dit Raymondin, je suis prêt à faire tout ce que vous désirez.

Et ils prirent alors congé l'un de l'autre en s'embrassant tendrement.

6. Le domaine magique de Raymondin

Lorsque les seigneurs eurent tous prêté serment à leur nouveau comte, Raymondin s'avança et sollicita de son cousin, en gage d'affection et en souvenir de son père, le don que son amie lui avait conseillé de demander. Le jeune comte éclata de rire :

— C'est là une chose de bien peu de valeur, mon cousin. Si mes barons ne s'y opposent pas, je vous l'octroie bien volontiers.

Le conseil des barons donna facilement son accord.

Raymondin s'agenouilla pour remercier le comte Bertrand et proposa qu'on lui établisse une charte, ce qu'on fit aussitôt : on rédigea un acte scellé du grand sceau du comte et de ceux des seigneurs de son conseil – un solide parchemin qui confirmait la légitimité de sa possession en toute franchise : pour cette terre, il ne devrait allégeance à personne.

Le lendemain, Raymondin alla remercier Dieu et le prier de mener à bien ce qu'il allait entreprendre, pour le salut de son âme et, ici-bas, pour son honneur et son bien*. Au sortir de la messe, il trouva sur le parvis de l'église un homme qui l'aborda en lui proposant de lui vendre une peau de cerf pour en faire une tunique de chasse. Raymondin paya le prix qu'on lui demandait et il fit venir chez lui un habile bourrelier à qui il demanda de tailler la peau en une lanière aussi fine que possible.

Puis il sortit de la ville, accompagné de ceux qui devaient lui remettre sa terre. En arrivant en bas de la falaise, ils s'aperçurent que la forêt avait été partiellement défrichée autour de la fontaine de Soif. Raymondin pensa bien que c'était l'œuvre

* La légende de Mélusine baigne dans une atmosphère de piété, souvent réaffirmée au cours du récit. Il ne faut pas oublier que les Lusignan, qui la firent mettre en écrit, avaient fait leur fortune à l'occasion des croisades. Avoir comme ancêtre une fée était pour eux fort honorifique à condition de ne pas passer pour de mauvais chrétiens !

de sa dame, mais il n'en dit rien et il tira la lanière de cuir du sac où il l'avait mise. Surpris, les envoyés du comte de Poitiers se demandaient comment s'y prendre pour mesurer la terre, lorsque deux hommes vêtus de bure surgirent devant eux et se proposèrent pour les aider. En suivant le chemin défriché, ils plantèrent des pieux, déroulèrent la courroie qu'ils y attachèrent et firent ainsi tout le tour de la montagne : à mesure qu'ils avançaient, la lanière de cuir semblait s'allonger. Revenus à leur point de départ, il leur restait encore une grande longueur de cuir : ils purent donc entourer aussi une partie de la vallée. Et à peine l'avaient-ils fait qu'on vit surgir un beau ruisseau, propre à apporter bien des richesses à cette terre et à y faire tourner des moulins.

Les envoyés du comte n'en revenaient pas : comment avait-on pu entourer tant de terre – l'enceinte avait bien deux lieues* de circonférence – avec une simple peau de cerf ? Et d'où venait ce beau ruisseau qui avait jailli sous leurs yeux ? Ils remirent néanmoins la charte à Raymondin, et, dès qu'ils l'eurent fait, les deux hommes

* Environ quatre kilomètres pour une lieue.

vêtus de bure disparurent sans qu'on sache où ils étaient passés.

De retour à Poitiers, les commissaires racontèrent au comte Bertrand et à sa mère toutes les merveilles dont ils avaient été les témoins.

— Je parie, dit la comtesse, que Raymondin a reçu un don magique dans la forêt de Coulombiers. Cela arrive fréquemment !

— Oui, ajouta son fils, j'ai entendu dire plusieurs fois qu'à cette source, au bas de la falaise, il se passe souvent des choses extraordinaires. Espérons que tout cela sera bénéfique pour Raymondin et que Dieu le laissera jouir de sa chance.

Raymondin arriva alors pour remercier son cousin de son don généreux. Le jeune comte l'interrogea sur ce qui s'était passé, et Raymondin confirma le récit des envoyés mais il assura qu'il n'y avait rien là de surnaturel. Puis il s'agenouilla devant le comte et lui dit :

— Cher seigneur, je serais très honoré si vous consentiez à venir lundi prochain à la fontaine de Soif pour assister à mon mariage. Je vous prie de bien vouloir amener aussi madame votre mère et tous vos barons.

— Comment ? Pourquoi ces cachotteries, mon cousin ? Vous avez bien peu de confiance en nous, pour vous marier sans que ni ma mère ni moi n'en ayons rien su jusqu'au moment des noces*. Vous avez tout décidé tout seul, sans nous demander conseil ! Dites-nous au moins qui est cette femme que vous épousez. À quel lignage appartient-elle ?

— Ma foi, répondit Raymondin en riant, je n'en sais rien : je ne lui ai jamais posé la question !

Il ne connaissait d'elle que ce qu'elle avait bien voulu lui dire – sa qualité de princesse royale, qu'il préférait taire encore, pour éviter les jalousies. Mais qui était son père, sur quelles terres avait-il régné ? cela, non seulement il l'ignorait, mais il ne s'en souciait pas le moins du monde, tant la jeune fille lui semblait digne d'être aimée.

— C'est incroyable ! s'exclama le comte. Raymondin se marie et il ne sait même pas qui il épouse.

— Monseigneur, puisque cela me suffit, cela doit aussi vous suffire. Je suis si peu important à votre cour que mon honneur ou mon déshonneur ne rejailliront pas sur

* Le mariage était un acte social fondamental pour lequel toutes les personnes importantes de la parenté étaient consultées.

votre famille. C'est pour moi seul qu'il y aura chagrin ou bonheur, selon ce que Dieu voudra bien me donner.

— Pourvu que vous n'épousiez pas quelque fantôme, quelque apparition de la fontaine de Soif ! Je prie Dieu qu'il ne vous accorde que du bonheur et je vous promets, cher cousin, que je me rendrai à votre mariage avec ma suite la plus brillante, pour vous honorer.

7. Le mariage

Le mariage fut si somptueux, il y eut un tel déploiement de richesses que le comte Bertrand, la comtesse, les frères de Raymondin, qu'il avait aussi invités, et tous les seigneurs et dames de leurs suites en furent non seulement éblouis, mais frappés d'étonnement, car ils se demandèrent comment avait pu venir si près de chez eux, sans qu'ils le sachent, une demoiselle de si haut rang et menant aussi grand train.

Dans la prairie, en contrebas de la falaise, avaient été dressées des dizaines et des dizaines de tentes de toutes formes et de toutes tailles, toutes en soie brochée d'or aux couleurs vives et lumineuses. Un peu à l'écart se trouvaient des écuries et des cuisines en plein air, dont les foyers fumaient et, au-dessus de la fontaine, la gracieuse chapelle que Raymondin avait découverte à son retour de Poitiers. Et partout s'affairaient une foule de seigneurs, de dames, de pages, de suivantes et d'écuyers, de serviteurs enfin, dont le plus humble était plus richement vêtu que les plus hauts seigneurs du comte de Poitiers.

— Je ne sais pas comment tout cela finira, dit le comte, mais pour le moment, tout ce déploiement de richesses a les apparences d'une grande noblesse.

Un vieux chevalier monté sur un grand palefroi gris pommelé s'avança alors pour les accueillir, accompagné d'une suite d'une dizaine de seigneurs. Il salua Raymondin avec beaucoup de déférence, puis il s'adressa au comte de Poitiers :

— Monseigneur, dit-il en lui faisant une profonde révérence, mademoiselle Mélusine d'Albanie, ma maîtresse, vous adresse ses remerciements pour le grand honneur que vous faites à votre cousin Raymondin et à elle-même en venant assister à leurs épousailles.

Le comte et la comtesse sa mère, les frères de Raymondin et leurs suites furent magnifiquement logés dans des tentes somptueuses.

Quand elles se furent reposées et habillées, les dames allèrent retrouver Mélusine sous sa tente, qui était incontestablement la plus belle de toutes, et elles furent éblouies par sa beauté et l'élégance de sa somptueuse parure. La comtesse pensa qu'il ne devait pas exister de reine, de roi ou d'empereur dont les joyaux pourraient égaler en richesse ceux que portaient la future épousée.

Ce furent le comte de Poitiers et le frère aîné de Raymondin, devenu comte du Forez, qui conduisirent Mélusine à la chapelle, ornée, elle aussi, avec magnificence : tentures brodées d'or et de perles, statues et croix d'un travail étrange et admirable, encensoirs d'or et d'argent, évangéliaires précieux. Un évêque célébra le mariage.

Un opulent festin et une joute dont Raymondin fut le vainqueur suivirent la cérémonie religieuse. Quand les jeunes époux se retirèrent dans leur tente, l'évêque qui les avait mariés vint bénir leur couche. Puis chacun prit congé et les courtines furent tirées. Quand tout le monde fut parti, Mélusine s'adressa à Raymondin et le remercia du grand honneur que lui avait fait sa parenté en assistant à leur mariage. Elle le félicita aussi d'avoir su garder le secret sur la promesse de ne jamais chercher à la voir le samedi qu'il lui avait faite lors de leur première rencontre :

— Soyez assuré, ajouta-t-elle, que si vous tenez cette promesse, vous serez un seigneur puissant et honoré. Mais si vous ne le faites pas, votre lignage connaîtra une lente déchéance et la terre que vous posséderez alors sera morcelée entre vos héritiers.

— Ne vous inquiétez pas, ma douce dame, répondit Raymondin. Avec l'aide de Dieu, cela ne m'arrivera pas.

— Mon ami, je mets ma confiance en Dieu et je me fie à votre promesse. Veillez à ne pas y manquer, car nous perdrions tous deux tout espoir de bonheur et vous seriez, après moi, celui qui en pâtirait le plus.

Les festivités recommencèrent le lendemain et durèrent quinze jours. Mélusine combla de joyaux de prix les dames et les demoiselles, les chevaliers et les écuyers. À la comtesse, elle offrit une coiffure de perles ornée de gros saphirs, de rubis, de diamants et d'autres pierres précieuses d'une valeur inestimable. Et tous reconnurent que Raymondin avait fait un noble et puissant mariage.

— Mais dites-moi, demanda encore une fois

le comte de Poitiers, à quel lignage appartient votre femme ? En effet, lorsque le vieux chevalier nous a accueillis, il nous a dit que sa maîtresse s'appelait Mélusine d'Albanie. Je vous prie donc, si vous le savez, de nous dire quel est ce lignage, car d'après ce que nous pouvons voir de ses richesses et de son maintien, nous pensons qu'elle doit être de très noble origine.

Les frères de Raymondin manifestèrent la même curiosité. Mais Raymondin leur répondit qu'il ne pourrait leur dire que ce qu'il en savait :

— Jamais je ne me suis posé sur ma femme autant de questions que vous venez de le faire. Mais je peux vous assurer qu'elle est la fille d'un grand roi qui possédait un vaste royaume, qu'elle est à l'origine de mes biens en ce monde et aussi, je crois, la principale voie du salut de mon âme.

Et la parenté de Raymondin dut se satisfaire de cette réponse.

8. La fondation de Lusignan

Dès le lendemain, Mélusine fit venir quantité de terrassiers et de bûcherons à qui elle commanda de défricher le terrain et même de déraciner les grands arbres, pour faire place nette sur toute la partie de la falaise qui avait été délimitée par la courroie de cerf. Ensuite, elle convoqua une foule de tailleurs de pierre et de maçons. Sur la roche aplanie, elle fit creuser de solides fondations pour construire une forteresse. Les ouvriers – personne ne savait d'où ils venaient ! – travaillaient si vite et si bien que ceux qui passaient par là en étaient stupéfaits. Mélusine les payait bien régulièrement tous les samedis et les fournissait en abondance en pain, en vin et en viandes*.

Bientôt, la forteresse fut terminée. Le donjon était protégé par deux fortins ; et l'ensemble, entouré de hauts et puissants murs crénelés et de tours à mâchicoulis**, avec des voûtes en ogive. Même du côté de la falaise, où l'à-pic était cependant tel que personne n'aurait pu monter, ces remparts étaient protégés par trois paires de bons avant-murs, parfois taillés dans le roc, munis de plusieurs tours robustes aux poternes bien protégées. On peut imaginer quel fut l'étonnement des habitants de Poitiers, grands seigneurs ou humbles paysans, quand ils virent surgir de terre, si rapidement, une telle construction.

Mélusine et Raymondin s'installèrent dans le château fort et firent annoncer une grande fête, le comte de Poitiers et sa mère, les frères de Raymondin et tous ceux qui avaient assisté à leurs épousailles s'y rendirent. Les réjouissances, joutes, festins, danses et divertissements furent encore plus magnifiques que ceux du mariage.

* Le fait devait être assez rare, pour que l'auteur du Moyen Âge ait indiqué ce détail qui établit le statut de Mélusine comme bonne administratrice et pourvoyeuse de richesses.

** Sorte de créneaux.

Le moment venu, Mélusine s'adressa au comte et aux autres seigneurs. Elle parlait d'un ton où la douceur et la modestie se mêlaient à la fermeté.

— Nobles seigneurs, nous vous remercions très vivement de nous avoir fait le grand honneur d'assister à cette fête. Voici pourquoi nous vous avons priés d'y venir : je voudrais que vous me disiez comment appeler cette forteresse, pour que l'on sache à tout jamais qu'elle doit sa fondation à une aventure merveilleuse.

— Ma foi, ma cousine, dit le comte de Poitiers, tous, ici, nous préférerions que ce soit vous qui lui donniez son nom, car il y a plus de sagesse en vous qu'en nous tous réunis et nul ne s'aviserait de vous imposer un nom. Après tout, c'est vous qui avez réussi à construire cette place forte, la plus belle et la plus puissante que j'aie jamais vue : il est bien juste que ce soit vous qui choisissiez son nom.

— Eh bien, monseigneur, puisqu'il ne peut en être autrement et que je vois que vous voulez que ce soit moi qui lui donne un nom, je l'appellerai Lusignan.

— En vérité, dit le comte, ce nom lui va bien pour deux raisons : la première est qu'il rappelle votre propre nom, Mélusine d'Albanie, et la seconde est que Mélusine, en grec, veut dire « merveille* ». Or cette forteresse a été fondée de façon merveilleuse, et bien des prodiges s'y produiront encore, j'en suis sûr.

De l'avis général, ce nom convenait parfaitement au château et on le fit connaître dans tout le pays : la ville s'appelle toujours ainsi.

* Étymologie fantaisiste.

9. L'héritage de Raymondin

Peu de temps après, Mélusine fit savoir à Raymondin qu'il aurait dû recevoir de ses ancêtres de vastes terres en Bretagne et qu'il ne fallait pas qu'il laisse se perdre cet héritage :

— Guérande, Penthièvre et toute la région environnante doivent vous revenir, à vous et au comte de Forez, votre frère aîné, car si votre père a tué le neveu du roi, ce n'était pas par félonie, mais pour défendre sa vie. Allez là-bas et demandez justice au roi de Bretagne : il vous rétablira dans votre droit.

— Madame, dit Raymondin, je ferai tout ce que vous me demanderez, si je le peux, car je vois bien que tous vos actes ne sont guidés que par l'honneur et le droit.

— Ami, puisque vous me faites confiance en

toute chose, je vous apprendrai ce qui s'est réellement passé. Votre père s'appelait Hervé de Léon. C'était un jeune homme au caractère impétueux et téméraire qui, par son ardeur même, plut au roi au point qu'il en fit son sénéchal*, ce qui suscita bien des jalousies. Aussi les envieux, menés par un chevalier qui s'appelait Josselin de Pont de Léon, firent-ils croire au jeune neveu du roi que son oncle songeait à le déshériter au profit de votre père. Fou de rage, l'adolescent attendit votre père dans un petit bois où il avait l'habitude d'aller se promener, et l'attaqua à l'épée, pour le tuer. Mais votre père se défendit et tua son agresseur. Après quoi, atterré par ce qu'il avait fait, il prit tout son argent et alla se réfugier dans la région que l'on appelle maintenant Forez. Quant à Josselin de Pont de Léon, il vit encore. Il a un fils, Olivier, qui gouverne à présent cette terre de Léon qui devrait être vôtre.

« Votre père avait un frère, nommé Alain. C'est maintenant un homme très âgé qui vit, avec ses deux fils, dans une place forte appelée Guéméné-Guégant. Allez le trouver : vous lui direz qui vous êtes et il vous croira. Puis,

* Haut dignitaire de la cour, chef des serviteurs, chargé, à l'origine, de présenter les plats à la table du roi.

avec son aide et celle de vos cousins, vous citerez Josselin de Pont de Léon devant le roi et vous l'accuserez de trahison. Allez hardiment : la terre vous sera rendue.

Après avoir fait ses préparatifs, Raymondin partit pour la Bretagne, avec plus de deux cents chevaliers bien armés. Il se rendit chez le vieux seigneur son oncle, qui accueillit du mieux qu'il put ce noble étranger. Après dîner, Raymondin se fit reconnaître de son oncle et lui avoua qu'il n'était venu que pour faire la lumière sur le malheureux accident qui était survenu entre son père et le neveu du roi. Alain de Guéméné-Guégant était étonné qu'un si jeune homme pût connaître la vérité sur des événements vieux de soixante ans qui n'avaient jamais été entièrement éclaircis ; il fut plus étonné encore quand Raymondin lui répondit que vivait toujours un homme qui avait eu quelque pouvoir à la cour en ce temps-là, que cet homme s'appelait Josselin de Pont de Léon, et que lui saurait bien avouer ce qui s'était réellement passé.

Alain de Guéméné-Guégant promit son aide et, accompagné de ses fils et de nombreux chevaliers, il partit avec Raymondin demander justice au roi.

Quand le roi l'eut reçu et lui eut commandé de parler hardiment devant sa cour, Raymondin raconta les faits tels qu'ils s'étaient réellement passés, et accusa Josselin de Pont de Léon d'être responsable de la mort du neveu d'un roi de Bretagne et de s'être emparé des terres d'Hervé de Léon, le père de Raymondin, par trahison. Josselin, vénéré de tous pour son grand âge, était parmi les seigneurs présents à cette cour. Voyant que personne ne répondait à l'accusation de Raymondin, le roi s'adressa à lui en criant presque :

— Josselin, Josselin, êtes-vous sourd ? Ce chevalier inconnu vous accuse. Décidez-vous à parler, car il vous faut le faire : à vieux péché, honte nouvelle.

Et Josselin répondit :

— Seigneur roi, je n'ai pas à répondre à de telles accusations ; je crois d'ailleurs que ce chevalier ne fait que plaisanter !

Et comme Raymondin maintenait son accusation en demandant justice, Olivier de Pont de Léon, le fils de Josselin, proposa un combat judiciaire* : il défendrait, quant à lui, que le chevalier étranger n'avait dit que

* Le combat judiciaire était fréquent au Moyen-Âge : il était admis que Dieu, qui seul connaît le cœur des hommes, donnait la victoire à celui qui soutenait la vérité.

mensonges. Raymondin accepta le combat, qui fut fixé au lendemain. Ils combattirent longtemps, se portant de terribles coups d'une incroyable violence. Finalement, Raymondin put porter à Olivier un coup qui le fit tomber de cheval, avec un bon demi-pied du fer de la lance planté dans le corps. Il lui arracha alors son casque, lui mit un genou sur le ventre, la main gauche sur le cou, et le maintint là si fermement que l'autre ne pouvait plus bouger. Il le somma alors de se rendre et de reconnaître la trahison de Josselin, son père, et, quoique l'autre s'obstinât à nier, le roi estima que le bon droit de Raymondin avait été prouvé par sa victoire et ordonna que le traître et son fils fussent pendus. Raymondin eut beau demander la grâce d'Olivier, trop jeune pour avoir participé à la trahison, le roi les fit exécuter tous les deux. Puis il rendit ses terres à Raymondin et lui donna de surcroît toutes celles de Josselin. Raymondin lui fit serment d'allégeance pour ces terres*. Mais, peu après, il demanda au roi de céder les

* Raymondin était donc seul maître de Lusignan, mais il était vassal du roi de Bretagne pour ses terres de Léon. Des situations autrement plus complexes n'étaient pas rares pour les seigneurs de l'époque, qui se trouvaient souvent être vassaux de plusieurs suzerains.

terres de son père à l'aîné de ses cousins et celles de Josselin au cadet.

— Quel puissant seigneur que cet étranger, se dit le roi. Il n'est pas venu chez nous par cupidité, mais par soif de justice, et il faut qu'il ait une grande richesse par ailleurs pour mettre sa vie en danger pour un héritage dont il se dessaisit aussitôt !

Après quelques jours de réjouissances à la cour du roi de Bretagne, Raymondin prit congé de lui car il lui tardait de revoir Mélusine. Il traversa le Poitou qui n'était alors que forêts sauvages, belles rivières, vastes plaines et grasses prairies désertes. Il pensa que la terre était très riche, qu'il y avait, au bord de la mer, de bons emplacements pour fonder des villes et que, s'il pouvait acquérir ces terres, il pourrait y attirer des habitants. Il chevaucha jusqu'à une vieille abbaye, très riche et très puissante puisqu'elle comptait bien cent moines et d'innombrables convers : c'était l'abbaye de Maillezais*. Raymondin s'y reposa trois

* Maillezais, qui aura son importance dans la suite de l'histoire, est donc la seule zone civilisée de cette partie du Poitou avant l'intervention bâtisseuse de Mélusine. Comme la plupart des autres lieux de cette histoire, l'abbaye (actuellement en ruine) a réellement existé.

jours et trois nuits et laissa en offrande de somptueux joyaux.

Or, pendant son absence, Mélusine avait fait construire la ville de Lusignan, et l'avait entourée, comme le château, de tours massives, avec des terrasses ceintes de créneaux. Les murailles étaient elles aussi munies de mâchicoulis, avec des couloirs aménagés à l'intérieur, pour que les archers puissent se mettre à l'abri pour défendre la ville. Entre la ville et le château, la dame avait aussi fait édifier une puissante tour en briques sarrasines, si haute que les guetteurs voyaient de tous côtés et sonnaient de la trompe dès que quelqu'un approchait, c'est pourquoi elle avait appelé cette tour la tour Trompe.

Aussi, quand Raymondin arriva en vue de Lusignan et aperçut la ville et la tour, il ne reconnut pas les lieux et son étonnement fut à son comble lorsqu'il entendit les guetteurs sonner.

Il s'arrêta, avec sa troupe, ne sachant où il était, mais les cuisiniers et les serviteurs chargés des bagages étaient allés en avant et avaient annoncé l'arrivée de Raymondin. Mélusine ne montra pas qu'elle le savait déjà et partit à sa rencontre, précédée d'un cortège de dames, de demoiselles, de chevaliers et d'écuyers richement vêtus et montés sur des chevaux de prix qui avançaient en bon ordre, deux par deux.

— Soyez le bienvenu, monseigneur ! dirent-ils à Raymondin.

Raymondin en reconnut plusieurs et leur demanda d'où ils venaient.

— De Lusignan, monseigneur.

— De Lusignan ? Est-ce loin d'ici ?

Ils lui expliquèrent alors qu'il était devant Lusignan même et que c'était leur dame qui, en son absence, avait fait construire la tour et la ville. Raymondin, qui se souvenait comment Mélusine avait fait construire la forteresse et le château en si peu de temps, ne s'étonna plus et ne dit rien.

Alors Mélusine arriva et lui souhaita tendrement la bienvenue en lui disant :

— Monseigneur, on m'a tout raconté et je suis très heureuse que vous ayez mené à bien votre entreprise, pour votre plus grand honneur.

— C'est grâce à Dieu et à vous, répondit Raymondin.

10. Enfants, forteresses et églises

Pendant les années qui suivirent, Mélusine mit au monde dix enfants, dix beaux garçons, en tous points bien formés, à l'exception, pour chacun, d'une marque qui rappelait l'origine féerique* de leur mère.

L'aîné, Urien, avait un visage plus large que long, un œil rouge et l'autre vert, et des oreilles aussi grandes que les anses d'un panier à vanner.

* De même que Pressine mettait au monde une portée de petites filles, davantage comme un animal que comme un être humain, la nature féerique de Mélusine semble comporter une part d'animalité qui se retrouve dans ses enfants.

Le second, Eudes, avait une oreille nettement plus grande que l'autre, bien que, pour le reste de sa personne, il fût incontestablement beau et bien fait. Ce fut lui qui épousa plus tard la fille du comte de la Marche et qui devint comte de la Marche à son tour.

Le troisième, Guy, était un très bel enfant, mais il avait un œil plus haut que l'autre.

Le quatrième, Antoine, grand et bien fait, portait sur la joue une patte de lion, et quand il grandit, elle devint velue, avec des griffes tranchantes.

Deux ans plus tard naquit le cinquième, Renaud : on n'avait jamais vu plus bel enfant ni plus aimable et plus courtois. Pourtant, il n'avait qu'un œil, mais un œil si perçant qu'il voyait trois fois plus loin que les autres : il était capable d'apercevoir un objet à plus de vingt lieues.

Le sixième fils de Mélusine fut appelé Geoffroy : il vint au monde avec une dent de près de trois centimètres, qui lui sortait de la bouche* – aussi l'appela-t-on Geoffroy la Grande Dent. En grandissant, il devint un homme de haute taille, mus-

* Ainsi, le fils de Mélusine qui sera l'héritier de Lusignan n'est pas sans rappeler le sanglier magique.

clé, d'une force et d'une violence qui le faisaient redouter de tous.

L'année suivante, Mélusine eut encore un fils, le septième, Fromont, très beau, très pieux puisqu'il se fit plus tard moine à l'abbaye de Maillezais. Lui avait sur le nez une petite tache velue comme la peau d'une taupe ou d'une fouine.

Deux ans plus tard naquit le huitième fils, qui avait trois yeux, dont l'un au milieu du front. Incroyablement grand, il était si mauvais, si cruel, qu'avant même d'avoir quatre ans, il avait tué deux de ses nourrices. Aussi fut-il surnommé Horrible.

Ce n'est que bien plus tard, vers la fin de sa vie sur terre, qu'elle eut encore deux fils : Raymonnet et Thierry. Ces deux-là étaient parfaitement normaux*, sans aucune marque surnaturelle.

Et pendant toutes ces années, Mélusine bâtissait sans relâche. Faisait-elle venir, d'on ne sait où, des ouvriers de toute condition ? Les villes, les ports, les églises se construisaient si vite, en trois nuits parfois,

* Cette normalité est curieuse. Est-ce parce qu'Horrible a épuisé tout ce qui restait d'animalité en Mélusine ou est-ce parce que celle-ci, à mesure qu'elle mène une vie de femme normale et à force de bienveillance et de piété, est presque complètement devenue humaine ? L'histoire ne le dit pas.

que certains disaient l'avoir vue les bâtir elle-même et voler, par les nuits de pleine lune, portant les pierres dans son tablier. On racontait aussi que quand un homme la surprenait dans son vol, elle laissait tomber les pierres et qu'au matin, dans un champ, on voyait se dresser une butte ou une grosse pierre qui n'y était pas la veille… Construisit-elle de ses mains, comme le prétend la légende, ou bien fit-elle fonder les villes qu'on lui attribue ? C'est après la naissance d'Eudes, son second fils, qu'elle fit édifier le château et le bourg de Melle, ainsi que ceux de Vouvent et Mervent, puis elle fit construire le bourg et la tour de Saint-Maixent et entreprit l'édification de l'abbaye. Après la naissance de Guy, elle fit fonder de nombreuses places fortes sur les terres désertes que Raymondin avait acquises en Poitou ; en particulier le château et la ville de Parthenay. À La Rochelle, elle construisit les tours de la garde de la mer, dont l'une porte son nom, le château et une partie de la ville. Il y avait, dans les environs, une tour qui datait de Jules César, et qui s'appelait la tour Aigle : elle la fit environner de hauts murs et de tours et en fit le château Aiglon. Puis elle édifia Pons-en-Poitou, Saintes, Talmond et beaucoup d'autres forteresses. Sur ses conseils,

Raymondin acquit tant de terres qu'il devint l'un des plus puissants seigneurs de Bretagne, de Guyenne et de Poitou. Et dans toutes ces terres, elle bâtissait tours, châteaux et églises, tout en menant à bien l'éducation de ses fils : c'était une mère attentive et aimante, elle avait d'excellentes nourrices et s'occupait si bien de ses enfants que ceux-ci grandissaient et se développaient beaucoup et que leur vigueur étonnait tous ceux qui les voyaient.

Et elle faisait aussi autour d'elle tant de bien aux pauvres gens que tous la bénissaient et la chérissaient.

11. Urien et Guy

Quand Urien, l'aîné des fils de Mélusine, eut dix-sept ans, un jour, deux chevaliers poitevins arrivèrent de Jérusalem et rapportèrent que le roi de Chypre était assiégé dans la ville de Famagouste par le sultan de Damas et qu'il était dans une situation désespérée.

Urien dit alors à son frère Guy, qu'il aimait entre tous :

— Nous devrions nous porter au secours de ce roi ! Nous sommes déjà huit enfants mâles et il se pourrait bien que nous soyons un jour au moins deux fois plus nombreux : la terre de notre père ne manquera donc pas d'héritiers ! Aussi pouvons-nous partir pour acquérir gloire et renommée dans les contrées étrangères.

Guy accepta avec plaisir et, après avoir longuement interrogé les deux chevaliers poitevins, les jeunes gens allèrent trouver Mélusine et l'informèrent de leur désir de partir en expédition outre-mer.

— Ma foi, répondit-elle, cette requête est la preuve de votre grande vaillance. J'en parlerai à votre père, car je ne dois rien vous accorder sans son avis.

Raymondin donna volontiers son accord. Mélusine s'employa alors à préparer le voyage de ses enfants. Dans le port de La Rochelle, elle fit ancrer une flotte suffisante pour contenir trois mille hommes d'armes : deux mille cinq cents chevaliers et écuyers et cinq cents arbalétriers, ainsi que tous les vivres, l'or et l'argent, l'artillerie*, l'équipement et les chevaux nécessaires. Il fallait voir les bannières, les fanions et les étendards claquer dans le vent. C'était splendide !

Quand tout fut prêt, les deux jeunes gens prirent congé de leurs frères et de toute la

* Léger anachronisme : les canons existaient à la fin du XIVe siècle, à l'époque où Jean d'Arras racontait la légende de Mélusine, mais ils n'existaient certes pas encore dans les temps reculés où sont supposés avoir vécu Mélusine et Raymondin.

maisonnée ; tous pleuraient en les voyant partir*. Mélusine et Raymondin accompagnèrent leurs enfants jusqu'à la mer et Mélusine leur remit à chacun une bague magique qui leur donnerait toujours la victoire dans les combats – à condition, bien entendu, que leur cause soit juste. Puis elle leur adressa de longues recommandations, propres à faire d'eux des princes de grande valeur :

— Mes enfants, n'oubliez jamais de commencer chacune de vos journées en écoutant le service divin. Aimez et craignez Dieu, votre créateur, servez-le et implorez son aide dans toutes vos entreprises. Soutenez notre sainte mère l'Église, protégez les veuves et les orphelins. Soyez humbles et humains avec les grands comme avec les petits et généreux avec les hommes de bien. Gardez-vous des promesses que vous ne pourriez tenir. Gardez-vous aussi d'emprunter des sommes que vous ne pourriez pas rembourser facilement. Ne faites jamais confiance à un bavard, à un flatteur ou à un médisant. Et par-dessus tout, je vous interdis l'orgueil : soyez attentifs à ne pas

* Au Moyen Âge, il était bien vu d'extérioriser ses émotions et même les plus redoutables guerriers pleuraient à chaudes larmes devant un spectacle attendrissant.

mépriser vos compagnons, car rien n'enflamme autant les cœurs qu'un chef juste et compatissant ; ce n'est qu'avec vos ennemis que vous devez vous montrer d'une fierté de lion.

Elle leur apprit encore comment gouverner un pays avec bienveillance et comment soumettre complètement leurs ennemis avant de faire preuve de générosité à leur égard. Urien et Guy la remercièrent.

Puis, les deux jeunes gens prirent congé de leur père et de leur mère. Les ancres furent levées, les voiles hissées, le vent s'engouffra dans les voiles et l'on cessa bientôt de les voir.

Après avoir quitté La Rochelle, la flotte d'Urien et de Guy vogua longtemps, passa devant bien des îles, fit escale à plus d'un endroit. Un jour, les Poitevins portèrent secours à deux galères des frères de l'ordre de Rhodes poursuivies par des Sarrasins. Aussi le Grand Maître de cet ordre décida-t-il alors de se joindre à eux avec six galères bien armées et nombre d'habiles hommes d'armes et de bons arbalétriers.

Ils débarquèrent enfin dans l'île de Chypre et commencèrent à avancer sur Famagouste, toujours assiégée par le sultan de Damas qui aurait bien voulu épouser la belle Hermine, la fille unique du roi de Chypre, sans avoir à se convertir. Les jeunes Lusignan remportaient victoires sur victoires et l'annonce de l'arrivée de ces renforts inespérés réjouit les assiégés, si bien que, quand les deux frères arrivèrent devant Famagouste, le roi tenta une sortie, en tête de ses troupes, pour aller à leur rencontre. C'est au cours de ce combat farouche qu'il fut blessé par une flèche empoisonnée.

Cette sortie, qui fit des ravages dans les rangs des Sarrasins, déclencha l'assaut, et Urien et Guy, appuyés par le Maître de Rhodes, eurent tôt fait de délivrer la ville – ce fut même Urien qui, pendant la mêlée*, porta au sultan un coup mortel : alors que le sultan, étourdi par un premier coup, avait la tête baissée, l'épée d'Urien rencontra son cou nu, entre le heaume et le justaucorps,

* Un combat classique, pour les chevaliers, se composait de deux phases : la charge, où les chevaliers, lances baissées, fonçaient au galop sur l'adversaire, et la mêlée, où ils combattaient au corps à corps. Les arbalétriers ont longtemps été méprisés, parce qu'ils combattaient de loin, sans risquer leur vie. Ce sont les victoires anglaises, pendant la guerre de Cent Ans, qui montrèrent l'importance des armes de trait : les Anglais eux-mêmes avaient appris l'utilité des arbalétriers en luttant contre les Écossais qui étaient d'excellents archers.

elle trancha les artères principales et les tendons jusqu'à la gorge, le sultan tomba à terre et mourut là, vidé de son sang. Cet exploit décida de la victoire.

La princesse Hermine, à qui l'on s'empressa de rapporter ces beaux faits d'armes, demanda qu'on lui décrive les deux jeunes seigneurs qui avaient délivré Famagouste.

— L'aîné est grand, élancé, bien fait de sa personne, lui répondit-on, mais il a le visage tout en largeur, un œil rouge et l'autre vert et des oreilles d'une taille surprenante. Quant au plus jeune, il n'est pas aussi grand, mais il est très beau de corps et de visage. Il a bien un œil un peu plus haut que l'autre, mais cela ne l'enlaidit pas trop. Et tous deux sont si vaillants que tous ceux qui les voient disent qu'ils sont dignes de conquérir le monde entier.

— En effet, dit rêveusement la princesse, mérite vaut mieux que beauté.

Et elle commença à penser à Urien : elle désirait tant le voir, à cause de tout le bien qu'on lui en avait dit, qu'elle estimait que même avec un visage plus laid encore, il aurait mérité par sa bravoure l'amour de la fille du plus puissant roi du monde.

Les vœux de la princesse furent bientôt réalisés car les jeunes vainqueurs firent dans la ville une entrée triomphale, et le roi, qui était alité à cause de sa blessure, les fit appeler auprès de lui. Il les remercia de leur secours et comme Urien lui disait que sa plus belle récompense serait de recevoir de la main du roi l'ordre de chevalerie, il se fit apporter son épée, et, malgré les terribles souffrances qu'il éprouvait, il lui donna un coup du plat de l'épée sur l'épaule en prononçant les paroles rituelles. Mais l'effort fit se rouvrir ses plaies, et le sang se remit à couler à travers les bandages, au grand désespoir de toute l'assistance.

Le roi envoya alors chercher sa fille Hermine et dit à Urien :

— Accordez-moi à votre tour une faveur et sachez que, par ma demande, c'est un généreux présent que je vous offre : acceptez de prendre ma fille pour femme et recevez tout mon royaume, dont je me dessaisis pour vous ici, aujourd'hui même.

Il avait fait apporter la couronne, qu'il lui tendit. Urien s'inclina devant le lit du roi, prit la couronne et la donna à Hermine, que la vue des blessures de son père avait bouleversée.

— Demoiselle, elle est vôtre et je vous aiderai à la garder, au gré de Dieu, contre tous ceux qui voudraient contester votre pouvoir.

Hermine aurait voulu attendre de voir quelles suites aurait la maladie de son père, mais le roi insista pour que le mariage soit célébré le plus vite possible : peu de temps après, il mourut, quittant ce monde si doucement qu'on aurait cru qu'il s'était endormi.

Tandis qu'Urien et Hermine visitaient leur royaume, Guy et le Grand Maître de Rhodes partirent en mer pour combattre les flottes sarrasines qu'ils pensaient encore trouver du côté de la Syrie. Ils rencontrèrent en effet une flottille ennemie qu'ils dispersèrent, mais une violente tempête les contraignit à se réfugier dans le port du Cruq, en Arménie. Or le roi d'Arménie était le frère du roi de Chypre. Il accueillit donc très chaleureusement Guy et lui fit connaître sa fille unique, Florie. Les deux jeunes gens se plurent et Guy aurait laissé entrevoir ses sentiments à la jeune fille s'il n'avait été rappelé d'urgence à Chypre pour combattre le calife de Bagdad, dont la flotte se préparait à débarquer pour venger la mort du sultan. À nouveau, les deux frères unirent leurs forces et remportèrent la victoire.

Or, pendant qu'ils célébraient en même temps, par une fête magnifique, et cette victoire et la naissance du premier fils d'Urien et d'Hermine, seize barons d'Arménie, en grand deuil, se présentèrent à la cour : ils venaient supplier Guy, au nom du roi d'Arménie qui avait émis ce vœu, avant de trépasser, de prendre Florie pour femme, afin de recevoir la couronne d'Arménie et de défendre le royaume.

Guy accepta bien volontiers, car il était très épris de la belle Florie. Et c'est ainsi que les deux frères devinrent rois couronnés, l'un de Chypre et l'autre d'Arménie.

12. Renaud et Antoine

Pendant ce temps, en terre de Poitou, Mélusine avait encore construit l'église de Notre-Dame de Lusignan et fondé plusieurs abbayes ; elle avait aussi marié son second fils, Eudes, avec la fille du comte de la Marche. C'est pendant les festivités qu'arrivèrent des messagers d'Urien et de Guy, qui apprirent à tous les nombreuses victoires des deux frères, leur réussite et leur mariage.

Plus que tous les autres, Antoine et Renaud s'en réjouirent et pensèrent qu'il était temps qu'ils partent, eux aussi, par le monde, en quête d'aventures.

Or il advint qu'en Allemagne une guerre éclata entre l'Alsace et le duché de Luxembourg. En effet, le duc Asselin de

Luxembourg était mort et sa fille unique, Chrétienne, reconnue par tous les seigneurs de la région comme la légitime héritière du roi, avait été demandée en mariage par le roi d'Alsace. Ce roi était veuf, sa femme était morte en mettant au monde une petite fille qui n'avait pour lors que deux ans et que son père élevait du mieux qu'il le pouvait.

Chrétienne de Luxembourg avait refusé la demande du roi d'Alsace, et celui-ci, jurant qu'il parviendrait à ses fins d'une façon ou d'une autre*, entra en guerre et n'eut aucune difficulté à venir assiéger la ville de Luxembourg. Les assiégés ne savaient que faire, quand un gentilhomme poitevin, qui avait participé à la conquête de Chypre avec Urien et Guy, leur conseilla d'envoyer à Lusignan des ambassadeurs pour demander l'aide d'Antoine et de Renaud : les deux jeunes gens, leur dit le gentilhomme, étaient prêts à partir comme leurs frères et à se battre aussi bien qu'eux.

C'est avec joie qu'Antoine et Renaud acceptèrent cette requête. Ils se rendirent alors auprès de leur père et de leur mère

* Il est évident que tous ces rois et sultans qui se jettent comme des rapaces sur les filles uniques, héritières de royaumes, n'agissent pas par amour mais pour agrandir leurs possessions.

pour leur demander de les autoriser à partir et de les aider dans leur entreprise. Raymondin les approuva et, se tournant vers Mélusine, il lui demanda de leur fournir tout ce qui leur serait nécessaire.

Mélusine fit donc proclamer dans tout le pays que tous les gentilshommes qui voudraient s'engager sous la bannière d'Antoine et Renaud de Lusignan recevraient immédiatement un an de gages. Des hommes d'armes se présentèrent de toutes parts : il vint jusqu'à quatre mille chevaliers et écuyers et mille cinq cents archers et arbalétriers, que Mélusine paya sans tarder. Puis elle fit à ses deux fils les mêmes recommandations empreintes de sagesse qu'elle avait faites à Urien et Guy, avant de les faire armer chevaliers des mains de leur père, ainsi que trois cents autres jeunes gens*.

Après de longues journées de marche, pendant lesquelles Antoine et Renaud contraignirent les chevaliers, malgré leurs protestations, à rester revêtus de leur armure, comme s'ils étaient en pays ennemi, afin de les accoutumer à suppor-

* Armer un chevalier, dans ces circonstances, était très onéreux, puisqu'on lui offrait son équipement. Ce chiffre exagéré témoigne, comme la solde d'un an payée à l'avance, de la facilité avec laquelle Mélusine fait surgir les richesses.

ter cet équipement et de les tenir prêts à toute éventualité, ils franchirent la Meuse à Dun-sur-Marne, à douze lieues seulement de Luxembourg.

Antoine envoya alors des messagers au roi d'Alsace, pour lui demander de réparer l'injustice et la vilenie qu'il avait faites à la princesse Chrétienne de Luxembourg. Mais le roi d'Alsace se moqua d'eux, comme si le défi des jeunes damoiseaux de Lusignan n'était qu'une plaisanterie : il ne se doutait pas qu'ils avaient déjà quitté leur terre et qu'ils étaient déjà si près de lui.

Quand la réponse leur fut rapportée, Antoine et Renaud consultèrent leurs hommes et leur demandèrent s'ils étaient prêts à combattre. Tous décidèrent d'une attaque surprise, dès le lendemain matin.

Le lendemain, ils s'ébranlèrent, au cri de « Lusignan ! », en rangs si serrés qu'aucun chevalier ne dépassait les autres, ne serait-ce que de la largeur d'un doigt*. La matinée était belle et claire et le soleil faisait briller les casques, resplendir l'or, l'argent et l'azur** des bannières et des fanions.

* Les bataillons des enfants de Mélusine ne peuvent être que parfaits. Dans la réalité, il en allait bien autrement !

** Les armes des Lusignan étaient d'azur à larges bandes d'argent.

La bataille fut terrible et terrible le carnage. Là moururent, à grande douleur, maints bons chevaliers. En entendant le bruit des trompettes, des coups d'épée ou de hache sur le métal des armures et les cris des blessés, la jeune Chrétienne se mit à sa fenêtre pour voir la fleur de la chevalerie, ces jeunes Lusignan qui étaient venus risquer leur vie pour elle, et elle se prit à souhaiter d'être morte plutôt que de mettre ainsi en danger de si valeureux jeunes gens.

Enfin, Antoine réussit à porter au roi d'Alsace un tel coup qu'il le fit tomber de son cheval et que le roi dut se rendre. Désemparés, les Alsaciens cessèrent de se battre et se mirent à fuir : tous ceux qui n'avaient pas été tués furent pris.

Les vainqueurs envoyèrent alors leur royal prisonnier à la duchesse de Luxembourg, pour qu'elle décide de son sort ; elle lui fit jurer sur l'honneur de ne pas s'éloigner. Puis elle fit savoir aux deux frères qu'elle les accueillerait volontiers. Montés sur des coursiers gris pommelés et vêtus d'une jaquette de velours cramoisi rebrodée de perles et de pierreries, une couronne de perles dans les cheveux et un gros bâton au poing, ils firent donc une entrée triomphale dans la ville. Et tous s'émerveillaient sur leur passage de la griffe de lion sur la joue d'Antoine et de l'œil unique de Renaud, tares que la grande beauté et la fière prestance des deux jeunes gens faisaient vite oublier.

La belle Chrétienne reçut magnifiquement ses deux défenseurs et leur proposa de les dédommager de leur peine, ce qu'ils refusèrent.

— Permettez-moi au moins, leur dit-elle, de payer les gages de vos soldats.

Mais ils refusèrent aussi : un mois à peine s'était écoulé et les combattants avaient déjà reçu un an de gages.

Ce fut alors au tour du roi d'Alsace de leur demander de le libérer moyennant une rançon, mais les jeunes gens refusèrent encore :

— Nous ne sommes pas venus pour gagner pécune sur vous ou sur autrui, mais pour acquérir gloire et renommée, sans avarice aucune*. Votre seule taxation sera donc de rembourser la jeune duchesse de tous les pillages que votre armée aura pu faire et de construire une abbaye où quinze moines prieront pour l'âme de ceux qui, de part et d'autre, sont morts pendant cette guerre.

* Dans la société de la fin du Moyen Âge, la largesse était considérée comme la plus belle des qualités et l'avarice comme le pire des défauts.

Les sages de ce pays fixeront le montant de ces dédommagements. Nous ne voulons point d'autre rançon.

Quand il entendit ces paroles généreuses, le roi d'Alsace se repentit de ses méfaits. Peu après, il se rendit au Conseil et dit aux hauts barons du Luxembourg qui y étaient réunis qu'autant il avait été leur ennemi, autant il voulait maintenant leur bien. Ainsi leur conseillait-il de choisir pour mari à la jeune duchesse Antoine de Lusignan, qui saurait tenir à distance les voisins les plus belliqueux : nul n'oserait prendre ne serait-ce qu'une poule contre sa volonté !

L'idée plut aux barons. Antoine, consulté, dit qu'il n'était pas venu dans leur pays pour cela, mais que, si la duchesse acceptait, il accepterait aussi. Chrétienne rosit de plaisir et donna son accord et les deux jeunes gens furent bientôt mariés.

Deux mois plus tard, un chevalier arriva à la cour pour rencontrer le roi d'Alsace, qui était toujours prisonnier sur parole. Il lui apportait une lettre de son frère, le roi de Bohême, qui l'appelait à son secours : menés par Zélodius de Cracovie, les infidèles l'avaient assiégé dans sa ville de Prague pour le punir de soutenir la foi catholique. Or Frédéric de Bohême n'avait pas de fils pour mener la défense : lui aussi n'avait qu'une fille, la belle Aiglentine.

Le roi d'Alsace, en lisant cette lettre, se prit à soupirer, et Antoine, qui était présent, lui demanda pourquoi il menait si grande douleur. Quand il fut informé, indigné du mal que faisaient les infidèles aux chrétiens de Bohême, il jura de le leur faire payer très cher et il accorda au roi d'Alsace la liberté de partir sur ses terres pour lever des troupes. Pendant ce temps, lui-même rappellerait son armée.

Devant tant de générosité, le roi d'Alsace tomba à genoux et dit à Antoine :

— Monseigneur, puisque vous me faites cette grâce, je ferai la fortune de votre frère Renaud : je lui donnerai pour femme ma nièce Aiglentine, l'unique héritière du trône de Bohême* et quand mon frère Frédéric, qui a vingt ans de plus que moi, mourra, c'est à Renaud que reviendra le royaume.

Ce qui fut fait, car, malgré une résistance acharnée des infidèles, qui parvinrent à tuer le roi Frédéric et qui commirent même

* Toutes ces jeunes héritières devaient être rapidement mariées, car comme dit le texte de Jean d'Arras « terre qui est en gouvernement de femme, c'est petit de chose ». Il y eut ainsi, dans le royaume franc de Jérusalem, une reine qui fut mariée quatre fois par ses barons pour que la terre fût défendue !

l'atrocité de faire brûler son corps, sous les yeux horrifiés des habitants de Prague, la ville fut délivrée, le roi Zélodius tué et Renaud et Aiglentine mariés en grande pompe.

Plus tard, l'un des fils d'Antoine délivra l'Ardenne des voleurs de grand chemin qui la dévastaient, en compagnie du roi Ollifart de Bohême, fils de Renaud. Un autre fils d'Antoine épousa la fille du roi d'Alsace, et quand le roi mourut, il hérita non seulement de l'Alsace, mais du comté de Fribourg, que ce roi avait conquis. Enfin, le duché de Luxembourg resta à Lohier, le fils aîné du duc Antoine de Lusignan.

13. Geoffroy la Grande Dent

Tandis que ses fils aînés conquéraient le monde, Raymondin avait acquis de vastes domaines et bien des barons lui avaient fait allégeance. Quant à Mélusine, elle avait eu ses quatre derniers fils, Fromont, Horrible, Thierry et Raymonnet. Fromont était si pieux qu'il devint moine, et cela fut à l'origine d'un terrible malheur.

Mais le plus terrible, le plus audacieux, le plus bouillant des enfants de Mélusine, ce fut Geoffroy la Grande Dent, qui ne craignit jamais ni homme ni diable. Il était déjà, à cette époque où il n'était encore qu'un adolescent, très grand, d'une force incroyable et bouillant du désir de se battre. Aussi, quand il apprit qu'il y avait en Irlande des vassaux de son père qui refusaient de lui obéir, il fit le serment qu'il leur ferait entendre raison. Il prit donc congé de son père et de sa mère et, avec plus de cinq cents hommes d'armes et cent arbalétriers, il se rendit en Irlande. Il se tailla là une réputation de chevalier puissant, terriblement féroce et donc redoutable : il fit pendre les chevaliers rebelles et tous leurs hommes, mais il sut aussi pardonner à ceux qui s'étaient laissé entraîner et qui s'en repentirent, et il délivra les braves gens de la région et les marchands, victimes des exactions des traîtres. Puis il remit en ordre le pays, qu'il laissa aux mains de bons administrateurs.

À peine était-il de retour à Lusignan qu'arriva un chevalier du Poitou, rapportant de Chypre de bien mauvaises nouvelles : les Sarrasins avaient ravagé l'Arménie, le roi Urien, s'attendant à les voir bientôt débarquer à Chypre, avait rassemblé ses hommes et ses navires pour attaquer le premier. Geoffroy, entendant cela, jura au nom de Dieu que cette guerre n'aurait pas lieu sans lui : il n'était que trop resté chez lui. À condition qu'il revienne au bout d'un an, Mélusine lui procura quatorze mille chevaliers et quatre cents arbalétriers et une belle flotte pourvue de tout le nécessaire.

Entre-temps, Urien et Guy avaient été avertis par le Maître de Rhodes, qui avait ses espions parmi les Sarrasins, que le calife de Bagdad, le sultan de Barbarie, le roi Anthénor d'Antioche et l'émir des Kurdes avaient fait serment d'anéantir les royaumes d'Arménie et de Chypre, de faire crucifier Urien et de brûler sa femme et ses enfants. C'est à Jaffa que devaient s'embarquer les Sarrasins, aussi Urien, Guy et le Maître de Rhodes avaient-ils décidé de prendre la mer avec dix mille hommes d'armes et dix-sept cents archers et arbalétriers et d'aller les attaquer dès qu'ils auraient appareillé.

La bataille navale faisait déjà rage lorsque arriva la flotte de Geoffroy : à peine débarqué à Chypre, il s'était rendu auprès de la reine Hermine, qui lui avait fourni un guide pour le conduire auprès de ses frères. Les troupes de Geoffroy, qui n'étaient pas fatiguées, se lancèrent sur les Sarrasins comme des forcenées. Son bateau aborda même celui du roi d'Antioche et s'amarra à lui par de solides grappins de fer ; Geoffroy sauta alors dans le bateau du roi et commença à pourfendre tout ce qui se trouvait devant lui ; terrifiés, des Sarrasins se jetèrent à la mer, d'autres, dont le roi d'Antioche lui-même, parvinrent à sauter dans un bateau qui était tout près. En un mot, la bataille fut terrible, le massacre atroce. Les bateaux sarrasins qui n'avaient pas été coulés se précipitèrent dans le port de Jaffa. Mais Geoffroy s'y engouffra à leur suite, et, voyant que les soldats sarrasins sortaient à toute vitesse de leurs bateaux, il fit débarquer tous ses hommes avec leurs chevaux et poursuivit les païens jusque dans la ville de Jaffa ; tous ceux qui étaient rattrapés étaient tués ! Les fuyards finirent par réussir à refermer les portes de la ville, mais Geoffroy resta sur place, jurant qu'on n'oublierait pas de sitôt son passage dans le pays.

Urien et Guy débarquèrent à leur tour, et quand le calife et le sultan, qui s'étaient repliés sur Damas, apprirent ce déploiement de force, ils envoyèrent un parlementaire.

L'homme arriva sur son dromadaire et resta interloqué devant l'aspect farouche des trois frères. Geoffroy surtout le frappa, incomparablement plus grand que les deux autres, et la vue de cette grande dent dépassant la lèvre de plusieurs centimètres le troubla beaucoup. Il finit par descendre de son chameau, salua les trois frères et délivra son message : le calife et le sultan, installés devant Damas, les attendaient, leur accordaient une trêve de trois jours pour qu'ils s'installent à leur tour, après quoi, ils fixeraient d'un commun accord le lieu et le moment de la bataille, à moins qu'impressionnés par le nombre de leurs ennemis, les chrétiens ne préfèrent demander un traité de paix.

— Va-t'en dire à tes rois, à tes sultans et à ton calife que même seul ici avec mes hommes, j'irai les combattre ! Dis-leur qu'en signe de défi, je vais attaquer Jaffa et tout mettre à feu et à sang. Tous les Sarrasins que j'y trouverai, je les ferai mourir.

Surpris par cette réponse inattendue, le parlementaire, sans un mot, remonta sur son dromadaire et, terrifié par cette brutalité, regardant sans cesse derrière lui de peur que Geoffroy ne le suive, courut prévenir les habitants de Jaffa qui s'enfuirent presque tous, emportant tous leurs biens. Puis il revint vers ses chefs et leur décrivit l'horreur que l'on éprouvait à voir l'aspect redoutable des rois Urien et Guy et de leur frère Geoffroy.

— Sachez, ajouta-t-il, qu'ils ont l'air de penser que vous n'oserez pas les attendre. Celui à la grande dent, tout particulièrement, ne craint qu'une chose, que vous et vos troupes ne vous enfuyiez avant qu'ils n'arrivent !

Pendant ce temps, Geoffroy, contre l'avis de ses frères, s'était emparé de Jaffa, avait passé par l'épée tous les Sarrasins qui s'y trouvaient encore et avait fait mettre le feu partout. Puis, pendant que l'armée chrétienne partait pour Damas, il pénétra par surprise dans Beyrouth, massacra tous ceux des habitants qui ne s'étaient pas enfuis et installa à leur place une garnison de trois cent cinquante hommes.

Enfin eut lieu, devant Damas, le combat de la petite armée des trois frères contre la masse énorme de la coalition sarrasine et les pertes furent si grandes, de part et d'autre, que l'on décida d'une trêve et qu'on parvint à un accord : les Sarrasins rembourseraient toutes les dépenses que les chrétiens avaient engagées pour cette expédition et verseraient tous les ans au roi Urien trente mille besants* d'or. La paix

* Le besant était la monnaie d'or de Byzance (Constantinople), « le dollar du Moyen Âge » a dit un historien. Il est impossible d'en donner la valeur exacte en francs modernes, mais on aura un ordre de grandeur si l'on sait que le premier versement de la rançon de Saint Louis avait été fixé à quatre cent mille besants.

serait établie pour cent ans et un jour. Les Sarrasins n'attaqueraient plus les chrétiens et les chrétiens viendraient les soutenir dans leurs combats contre d'autres Sarrasins.

À la suite de cette paix, il arriva même que le sultan de Damas se prit d'affection pour Geoffroy et le mena à Jérusalem : les murailles et la ville n'avaient pas encore été reconstruites depuis que Vespasien et Titus les avaient détruites pour venger la crucifixion de Jésus-Christ. Geoffroy passa là trois jours, en dévotion, Urien, Guy, le maître de Rhodes s'y rendirent aussi, ainsi qu'une foule de chrétiens. Et quand les trois frères et le Grand Maître repartirent, le sultan leur donna – et tout spécialement à Geoffroy – de superbes cadeaux. Pour un peu, ils se seraient embrassés, mais ç'aurait été contraire à leur foi.

14. Mélusine au bain

Peu de temps après le retour de Geoffroy, alors que Mélusine et Raymondin se trouvaient en leur château de Mervent, le comte de Forez, le frère aîné de Raymondin, vint leur rendre visite. Or c'était un samedi, jour où Mélusine se cachait de son mari. Fidèle à sa promesse, Raymondin n'avait jamais cherché à percer son secret – il n'imaginait d'ailleurs pas qu'elle pût faire quoi que ce soit de mal.

Mais ce jour-là, pendant le repas, le comte de Forez lui demanda :

— Mon frère, où est ma belle-sœur ? J'ai grand désir de la voir.

— Elle est occupée aujourd'hui et vous ne

pourrez la voir, mais demain elle sera heureuse de vous accueillir.

Au lieu de se satisfaire de cette réponse, le comte de Forez reprit :

— Puisque vous êtes mon frère, je ne dois pas vous cacher votre déshonneur. Le bruit court partout que votre femme se livre à la débauche tous les samedis. Et vous, mon frère, vous êtes si aveugle à son égard que vous n'osez pas chercher à savoir où elle va. D'autres soutiennent que votre femme est un esprit enchanté qui fait sa pénitence le samedi. Je ne sais que croire, mais je ne puis tolérer ces murmures et je suis venu ici pour vous en informer.

À ces mots, ivre de colère à la pensée que Mélusine pût lui être infidèle, Raymondin repoussa la table, se précipita dans sa chambre, où il prit son épée et courut vers l'endroit où il savait que Mélusine se retirait tous les samedis. Là, voyant que la porte était fermée à clé, avec la pointe de son épée, qui était très dure, il tourna et vira jusqu'à ce qu'il ait fait un trou. Il regarda à l'intérieur et vit un grand bassin de marbre avec des escaliers qui descendaient jusqu'au fond. Et là, Mélusine se baignait et peignait ses cheveux. Jusqu'au nombril, elle avait l'apparence d'une femme ravissante, mais à partir du nombril, elle avait une énorme queue de serpent, grosse comme un tonneau, incroyablement longue, une queue qui battait l'eau et la faisait gicler jusqu'à la voûte de la salle.

Devant ce spectacle, la colère de Raymondin céda la place à une infinie tristesse.

— Mon amour, se dit-il, je viens de vous trahir, j'ai manqué à la parole que je vous avais donnée.

En proie à un insupportable chagrin, il courut dans sa chambre, prit la cire qui cachetait une vieille lettre, la fit fondre et en boucha le trou qu'il avait fait dans la porte. Puis il retourna vers la salle. Son frère, en voyant son visage défait, pensa qu'il avait découvert une mauvaise action de sa femme et lui dit :

— Je le savais bien ! Vous avez donc découvert ce dont je vous avertissais !

Et Raymondin lui cria :

— Hors d'ici, ignoble traître ! Par vos calomnies, vous m'avez amené à me parjurer auprès de la meilleure et la plus fidèle des femmes. À cause de vous, j'ai perdu toute joie. Si vous n'étiez pas mon frère, je vous ferais mourir d'une mort infamante. Allez-vous-en, et que l'enfer vous prenne !

Voyant que son frère avait presque perdu la raison, le comte repartit au galop vers le Forez, regrettant beaucoup d'avoir parlé à la légère, car il se rendait bien compte qu'il avait perdu à tout jamais l'affection de son frère.

Quant à Raymondin, il entra dans sa chambre et se coucha dans son lit, au comble du désespoir.

— Hélas, Mélusine, soupirait-il, je viens de vous perdre à tout jamais. Je viens de perdre le bonheur à tout jamais ! Je viens de perdre votre beauté, votre bonté, votre douceur, votre affection, votre sagesse, votre charité, vous qui faisiez toute ma joie, tout mon réconfort, ma prospérité, ma gloire et ma vaillance, car ce peu d'honneur que Dieu m'avait donné me venait de vous, mon tendre amour. Maudite Fortune*, aveugle et cruelle, tu m'as fait autrefois commettre un crime épouvantable sur la personne de mon seigneur et oncle et maintenant, tu veux me faire payer ! Hélas, ma douce amie, vous m'aviez purgé de mon terrible venin de meurtrier, et voici que maintenant, comme un serpent, je vous en récompense en vous trahissant et en manquant à mes engagements envers vous !

* La représentation de la Fortune, avec sa roue qui place les humains tantôt en haut, tantôt en bas, était fréquente au Moyen Âge, et bien que ce soit une déesse, elle trouvait sa place dans l'imaginaire chrétien.

Eh bien ! je jure devant Dieu que si je vous perds, je m'en irai en exil expier mes fautes dans un ermitage.

Tout en se lamentant, il se portait des coups et se déchirait le visage. Il regrettait aussi de ne pas avoir donné la mort au comte de Forez.

Il resta jusqu'au petit jour dans cet état de détresse et de chagrin. Et quand l'aube apparut, voilà que Mélusine entra dans la chambre. Quand il l'entendit, il fit semblant de dormir tandis qu'elle se déshabillait et se glissait dans le lit à côté de lui. Alors, il se mit à soupirer comme un homme qui souffre ; elle le prit dans ses bras et lui dit :

— Monseigneur*, que vous manque-t-il ? Êtes-vous malade ?

Comme elle ne lui parlait de rien, Raymondin pensa qu'elle ne savait rien de ce qui s'était passé. Ce en quoi il avait tort : elle savait tout, mais comme il avait gardé le serment de n'en parler à personne, elle avait pardonné et faisait comme si de rien n'était. Aussi répondit-il tout joyeux :

* Cette appellation peut sembler bien pompeuse entre époux. En fait, Mélusine et Raymond s'appellent souvent du nom d'ami(e). Mais les circonstances sont sans doute ici trop dramatiques pour le faire. Quant à l'utilisation du nom propre, elle est toujours un peu méprisante.

— Madame, j'ai été malade et je crois que j'ai un peu de fièvre.
— Monseigneur, poursuivit Mélusine, ne vous inquiétez pas. Vous serez bientôt guéri.
Et lui, tout heureux, lui dit :
— Je me sens déjà tout soulagé de vous voir.
— J'en suis très contente, lui répondit-elle.
Et les journées s'écoulèrent comme à l'accoutumée, jusqu'à ce que Mélusine parte à Niort pour y bâtir une forteresse.

15. La mort d'un géant et celle d'une centaine de moines

Pendant ce temps, un géant de Guérande avait entrepris de rançonner tout le pays jusqu'à La Rochelle. Les habitants étaient accablés mais n'osaient rien dire. Raymondin en était très préoccupé, mais ne le montrait pas, de peur que Geoffroy ne l'apprenne : il craignait que son fils n'aille combattre le géant. Mais on ne put tenir longtemps la chose cachée à Geoffroy.
— Et comment diable ! s'écria-t-il. Mes frères et moi avons réussi à obtenir un tribut du sultan de Damas, et ce chien puant lèverait des redevances sur les terres de mon père ? Il a eu bien tort d'avoir cette idée : il la paiera de sa vie. Par les dents de

Dieu*, je n'aurai de cesse que je me sois battu avec lui en corps à corps et que l'un de nous ait l'autre à sa merci.

Quand il arriva en Guérande et qu'il demanda où trouver le géant, les gens s'étonnèrent :

— Quoi ? Vous voulez aller le combattre ? Il a souvent été attaqué, mais ni à cent, ni à deux cents, ni à cinq cents on n'a pu le vaincre. Et vous, tout seul, vous croyez que vous y parviendrez ?

— Trêve de bavardage ! répondit Geoffroy. Menez-moi jusqu'à lui.

On l'emmena jusqu'à une montagne que dominait une grosse tour, d'où l'on pouvait surveiller toute la région. Rien ne manquait pour la rendre imprenable : bonnes murailles, fossés profonds et solides ponts-levis. Les gens qui avaient accompagné Geoffroy lui conseillèrent de repartir, maintenant qu'il avait vu la demeure du géant.

— Quant à nous, nous n'irons pas plus loin, même si on nous donnait notre pesant d'or pur.

Mais Geoffroy gravit la montagne et, arrivé devant la tour, trouva les ponts-levis

* Est-ce à cause de sa propre dent que Geoffroy affectionne ce juron impie ?

relevés, parce que le géant dormait. Il cria donc à pleins poumons :

— Viens me voir, fils de chienne ! Je t'apporte le tribut des hommes de mon père.

Il cria tant que le géant s'éveilla, vint à la fenêtre et le voyant tout armé sur son cheval, lui demanda ce qu'il voulait.

— C'est toi que je cherche et personne d'autre. Viens te battre pour me disputer le tribut que tu as levé sur les gens de Raymondin de Lusignan, mon père.

Quoique furieux, le géant se dit que cette démarche ne manquait pas de courage. Il alla s'armer, baissa les ponts-levis, s'avança jusqu'à Geoffroy et lui dit :

— Pauvre fou ! J'ai pitié de toi, à cause de la grande vaillance qui t'habite. Je voudrais me montrer généreux à ton égard, car je serais navré de mettre à mort un chevalier aussi brave que toi. Je te laisse donc partir. Va-t'en et, par estime pour toi, je considérerai, pour un an, les gens de ton père comme quittes du tribut qu'ils me doivent.

Mais Geoffroy, après l'avoir défié, éperonna son cheval, cala sa lance sous son bras, se dirigea au grand galop vers son adversaire et le frappa du fer tranchant de sa lance en pleine poitrine si vigoureusement qu'il le fit tomber à la renverse par terre. Le grand et gros personnage se releva, furieux, et quand Geoffroy revint sur lui, il trancha de sa faux les jarrets de son cheval. Geoffroy sauta agilement à terre et un corps à corps furieux commença. Le géant attaquait à coups de masse, à coups de fléau de plomb, à coups de maillets qu'il lançait sur Geoffroy. Mais le jeune homme avait pour lui l'agilité, il sut esquiver et se trouva enfin en position d'assener au géant un coup d'épée tel qu'il lui coupa le bras. Étonné, furieux, le géant leva sa grosse jambe pour donner un coup de pied dans la poitrine de son adversaire, et Geoffroy lui coupa la jambe. Le monstre s'écroula en poussant une horrible clameur et Geoffroy lui trancha la tête. Puis il revint vers la vallée et cria aux habitants du pays :

— Jamais plus ce traître ne vous demandera de tribut !

Il fit ensuite porter par deux chevaliers l'énorme tête du géant à son père et partit se promener dans la contrée.

Quand les chevaliers revinrent à lui, porteurs d'une lettre de félicitations et de remerciements de son père, ils lui apprirent que son frère Fromont s'était fait moine à l'abbaye de Maillezais. Alors, Geoffroy entra dans une telle fureur que personne, à part les deux chevaliers, n'osa rester près de lui. Il semblait fou. Il se mit à hurler :

— Comment ? Mon père et ma mère n'avaient-ils pas assez de biens pour nantir mon frère Fromont et le marier richement, au lieu de le faire moine ? Sur les dents de Dieu, ces débauchés de moines de Maillezais me l'ont ensorcelé et l'ont attiré chez eux pour qu'il leur fasse honneur ! Mais je vais les récompenser de telle sorte qu'il ne leur viendra plus à l'idée d'attirer un de mes frères dans leur couvent !

Il s'arma, se mit en selle et, accompagné de dix chevaliers, il se précipita à Maillezais. L'épée au poing, il entra dans la chapelle où l'abbé et tous les moines étaient réunis en hurlant :

— Comment ? Moines débauchés, vous avez eu l'audace d'ensorceler mon frère pour l'attirer par vos amabilités hypocrites ? Par les dents de Dieu, vous avez eu tort, il vous faudra boire maintenant votre coupe d'amertume.

Fromont bondit en avant, espérant apaiser la colère de son frère et lui dit :

— Mon cher frère, sur mon âme, je vous assure que jamais personne ici ne m'a influencé ; j'ai agi de mon propre chef, par dévotion.

— Sur ma tête, rugit Geoffroy, tu payeras avec les autres ! Il ne sera pas dit que j'ai un moine pour frère.

Il sortit alors, tira les portes derrière lui et fit porter par les serviteurs de l'abbaye du foin et des bûches, jurant sur les dents de Dieu qu'il les ferait tous brûler là-dedans. Les chevaliers qui l'accompagnaient essayèrent de l'en empêcher et de le raisonner, mais il prit du feu à une des lampes à huile de la chapelle et enflamma la paille. Les bûches prirent feu à leur tour et ce fut atroce ! Les moines qui brûlaient poussaient d'horribles clameurs et imploraient Jésus-Christ d'avoir pitié de leurs âmes – car pour ce qui est de leurs corps, ils étaient résignés à les voir périr. En peu de temps, tous furent brûlés, ainsi que la moitié de l'abbaye.

Quand Geoffroy eut repris son cheval et se fut éloigné au galop, quand il se retrouva dans la campagne, il se retourna vers l'abbaye en ruine et se rendit enfin compte de l'énormité de son crime ! Il commença alors à se désoler, à s'accuser de cruauté, de perversité, à se maudire ; il se serait tué d'un coup d'épée si les chevaliers qui l'accompagnaient ne lui avaient dit :

— Monseigneur, monseigneur, il est trop tard pour se désoler quand la folie est faite. Les lamentations ne servent plus à rien ! Essayez plutôt maintenant de vous repentir et de vous racheter devant Dieu et devant les hommes.

16. La colère de Raymondin

Raymondin était à table à Mervent* quand arriva un messager venu de Maillezais.

— Hélas, Monseigneur, dit celui-ci, après s'être agenouillé devant lui, les nouvelles que j'apporte sont désolantes.

— Dites-les cependant, répondit Raymondin, il faut bien que nous en soyons informés**.

— Eh bien, Monseigneur, votre fils Geoffroy

* L'un des châteaux construits par Mélusine, voir chapitre 10.

** Cet accord de Raymondin a son importance car il n'était pas rare que les porteurs de mauvaises nouvelles soient punis, parfois même de mort, par des maîtres au caractère emporté.

la Grande Dent est entré dans une telle folie en apprenant que Fromont s'était fait moine qu'il s'est rendu à l'abbaye de Maillezais et qu'il a mis le feu à la chapelle où les moines étaient réunis. Il les a tous fait brûler et le feu, en se propageant, a brûlé plus de la moitié de l'abbaye.

— Qu'est-ce que tu dis ? s'écria Raymondin. C'est impossible ! Je ne peux pas le croire !

— Hélas, monseigneur, c'est bien vrai. Mettez-moi en prison ou faites-moi mourir si vous découvrez que j'ai menti.

Alors, Raymondin repoussa violemment la table, courut dans la cour, demanda son cheval et s'en alla au grand galop à Maillezais. Une fois sur place, il découvrit l'étendue de la catastrophe et son cœur s'enfla d'un tel chagrin qu'il en devint presque fou furieux.

— Ah ! Geoffroy, se dit-il, tu avais fait de si beaux débuts dans la vaillance et dans la chevalerie ! Et voilà que tu en es complètement déchu par ta cruauté ! Sur ma foi, je crois que ma femme est un esprit maléfique et je ne pense pas que ses enfants puissent être vraiment bons : d'ailleurs, j'ai remarqué que presque tous étaient marqués d'un signe étrange. Sans parler de la nature épouvantable d'Horrible, qui n'a pas encore sept ans, qui a déjà tué deux de mes écuyers ; et qui avant d'avoir quatre ans, avait fait mourir deux de ses nourrices à force de leur mordre les seins ! De plus, le samedi où mon frère m'a informé des rumeurs qui couraient sur ma femme, ne l'ai-je pas vue affublée d'une queue de serpent ? Ce n'est pas une femme, mais un esprit malin qui m'a abusé : la première fois que je l'ai rencontrée, n'a-t-elle pas su me dire tout ce qui m'était arrivé ?

Il retourna à Mervent, où il se retira dans sa chambre et se coucha. Et là, il commença à se lamenter, poussant des plaintes qui auraient attendri les cœurs les plus endurcis et maudissant mille fois l'heure où Geoffroy était né.

Désespérés de ne pouvoir l'arracher à son chagrin, les seigneurs de son entourage envoyèrent chercher Mélusine, qui était à Niort où elle avait fait bâtir deux très belles tours jumelles. Mal leur en prit ! Ils furent ainsi la cause du chagrin qui ne quitta plus Raymondin de toute sa vie et de la pénitence de Mélusine, qui durera jusqu'à la fin du monde.

En effet, quand Mélusine apprit la catastrophe, elle fut consternée. Elle fit venir tout son équipage et de nombreuses dames du pays pour lui faire escorte et elle quitta Niort pour Lusignan, où elle passa deux jours à parcourir le château et à en visiter chaque pièce en pleurant : il est certain qu'elle savait le malheur qui se préparait pour elle ! Enfin le troisième jour, elle quitta Lusignan avec toute son escorte et se rendit à Mervent où les seigneurs allèrent à sa rencontre. C'est donc avec toute une suite de dames, de demoiselles et de seigneurs qu'elle entra dans la chambre de son mari, une pièce qui donnait sur de beaux jardins, du côté de Lusignan. Raymondin était si affligé, si furieux, aussi, qu'il ne vit même pas qu'elle le saluait très courtoisement. Elle prit donc la parole :

— Monseigneur, quelle folie de votre part, vous qu'on tient pour le prince le plus sage de ce temps, que de manifester autant de désespoir pour une chose qui ne peut être changée. Voulez-vous donc faire procès à la volonté du Créateur ? Sachez que si grand que soit le pécheur, plus grande encore est Sa miséricorde, quand le pécheur se repent du fond du cœur. Et les jugements de Dieu sont si mystérieux que nul homme ne peut les comprendre avec son esprit limité. Peut-être Dieu a-t-il voulu, par la main de Geoffroy, punir les moines pour leurs péchés ? D'autre part, ne sommes-nous pas assez riches pour reconstruire l'abbaye plus belle qu'elle ne le fut jamais, la doter et y mettre plus de moines encore ? Quant à Geoffroy, il s'amendera, s'il plaît à Dieu. Pour toutes ces raisons, mon cher époux, cessez de vous désoler.

Raymondin se rendait bien compte qu'elle disait vrai, mais la colère l'emporta et il lui rétorqua cruellement :

— Infâme serpente ! Toi et tes œuvres, vous n'êtes qu'illusions ! Jamais aucun des enfants que tu as portés ne finira bien ! Le seul qui était bon, c'était Fromont. Et voici qu'il est détruit par les maléfices du diable, car tous ceux que la colère rend fous sont sous la coupe des princes de l'enfer et c'est poussé par eux que Geoffroy a commis son hideux forfait !

Mélusine, en entendant ces accusations, ressentit une si poignante douleur qu'elle s'évanouit ; pendant plus d'une demi-heure, on ne sentit ni son pouls ni son haleine. Quant à Raymondin, dont la fureur s'était calmée, il regrettait maintenant – trop tard, hélas ! – les paroles qu'il venait de dire, et il se désolait.

17. Des adieux déchirants

Les seigneurs et les dames relevèrent Mélusine et lui aspergèrent le visage d'eau froide, si bien qu'elle finit par reprendre ses esprits. Quand elle put enfin parler, elle regarda Raymondin et dit tristement :

— Ah ! Raymondin, c'est pour mon malheur que je t'ai rencontré, c'est pour mon malheur que j'ai aimé ta grâce, ta beauté et tes manières courtoises, puisque tu m'as si indignement trahie ! Bien que tu aies manqué à ta promesse en cherchant à me voir un samedi, je t'avais pardonné, parce que tu ne l'avais révélé à personne, et Dieu te l'aurait pardonné aussi. Hélas, mon ami, maintenant, notre amour est changé en haine, nos joies en larmes et en pleurs ! Si tu ne m'avais pas trahie, j'aurais été sauvée de mes éternels tourments, j'aurais vécu et je serais morte comme une femme normale, j'aurais reçu tous les sacrements de l'Église, j'aurais été ensevelie en l'église Notre-Dame de Lusignan et l'on aurait célébré des messes à ma mémoire. Mais maintenant, par ta faute, la pénitence que j'avais longtemps connue, je devrais la supporter à nouveau, jusqu'au jour du Jugement... Dieu veuille te pardonner !

Raymondin était profondément bouleversé. Il ne savait plus ce qu'il voyait ni ce qu'il entendait, il ne savait plus que faire. Il éprouvait une mortelle douleur. Enfin, il retrouva un peu ses esprits, s'agenouilla devant Mélusine et lui dit en joignant les mains :

— Ma chère amie, mon bien, mon espérance, je vous prie de bien vouloir me pardonner et de bien vouloir rester auprès de moi.

Et des torrents de larmes ruisselaient de ses yeux.

— Mon tendre ami, que veuille vous pardonner votre faute Celui à qui appartient le véritable pardon car, quant à moi, je vous ai déjà pardonné. Mais rester auprès de vous, je ne le puis : le Souverain Juge en a décidé autrement.

Elle le releva, le serra dans ses bras et ils s'embrassèrent avec tant de tristesse qu'ils en tombèrent tous deux évanouis sur le sol de la chambre. Autour d'eux, seigneurs et dames se désespéraient, maudissaient le sort, regrettaient la séparation prochaine des deux amants et la perte d'une aussi bonne et charitable dame. Ils en auraient oublié, dans leur chagrin, les deux époux qui gisaient à terre, enlacés !

Mélusine revint à elle, elle entendit ses gens se désoler de son départ et se mit à pleurer, puis elle releva Raymondin, et, quand il eut repris ses sens, elle s'adressa à lui et à tous ceux qui étaient présents.

— Écoutez tous ce que je vais vous dire, car je ne puis rester plus longtemps près de vous et je veux que vous soyez tous témoins de mes paroles.

« Sachez que plus personne ne pourra tenir seul, après vous, Raymondin, toutes les terres que vous gouvernez aujourd'hui. Sachez aussi que certains de vos descendants, par leur folie, perdront la plus grande partie de leur héritage. Mais vous, tant que vous vivrez, je vous aiderai. Ne chassez pas notre fils Geoffroy, car il deviendra un homme de grande valeur. Quant à

Raymonnet et Thierry, qui n'ont que trois et deux ans, soignez-les bien. Moi-même, je m'occuperai d'eux, mais vous, vous ne pourrez plus jamais me revoir sous ma forme humaine. Donnez à Thierry nos terres de Parthenay, Vouvent et Mervent, jusqu'à La Rochelle ; Raymonnet, lui, sera un jour comte de Forez. Laissez Geoffroy s'occuper d'eux, il le fera très bien.

Puis elle prit à l'écart Raymondin et les plus hauts barons et leur dit à voix basse :

— Beaux seigneurs, si vous désirez maintenir votre honneur et votre prospérité, arrangez-vous pour que notre fils Horrible soit tué secrètement, car sachez que la perte de mille hommes ne serait rien à côté des dommages qu'on aurait à déplorer à cause de lui ! Soyez certains qu'il détruirait tout ce que j'ai édifié et que jamais la guerre ne cesserait aux pays de Poitou et de Guyenne. Ce serait folie que de ne pas suivre mon conseil !

— Mon doux amour, nous n'y manquerons pas, mais par pitié, au nom de Dieu, veuillez rester, ou mon cœur ne connaîtra plus la joie.

— Mon doux ami, s'il était en mon pouvoir de le faire, je le ferais car j'ai encore plus de chagrin que vous. Mais il faut que je m'en aille, puisque Celui qui peut tout en a décidé ainsi.

Elle le reprit dans ses bras et l'embrassa encore :

— Adieu, mon très doux ami, mon bien, mon cœur et toute ma joie. Sache qu'aussi longtemps que tu vivras, j'aurais le plaisir de te voir encore, tandis que toi, tu ne me verras plus jamais sous ma forme humaine. Mais sache aussi que je reviendrai, sous une forme ou une autre, chaque fois que l'un des miens devra mourir et chaque fois que la forteresse de Lusignan devra changer de maître.

Après quoi, aussi légère que si elle avait des ailes, elle sauta sur le rebord d'une haute fenêtre d'où l'on apercevait Lusignan dans le lointain. Elle prit congé en pleurant des seigneurs, des dames et des demoiselles qui étaient là et elle remit à Raymondin un anneau double qui le protégerait. Puis elle promena tristement son regard sur la campagne en disant :

— Ah, douce contrée, tu m'as donné tant de joie. Et maintenant, les gens de ce pays qui me considéraient comme leur dame et m'obéissaient me fuiront avec épouvante, je leur ferai horreur quand ils me verront. Toutes mes joies deviendront peine et pénitence.

Et elle ajouta, en élevant la voix :

— Adieu à tous et à toutes, priez Notre Seigneur qu'il allège ma pénitence. Et, pour qu'il ne soit pas reproché à mes enfants d'être les fils d'une mauvaise mère, d'une fée ou d'une serpente, sachez qui je suis : je suis la fille du roi Élinor d'Albanie et de la reine Pressine, sa femme. Nous étions trois sœurs et pour une faute que nous avons commise, une terrible pénitence nous a été assignée. Mais je ne peux vous en dire davantage.

« Adieu, mon amour », dit-elle encore une fois à Raymondin et, avec une plainte douloureuse et un terrible soupir, elle s'élança dans les airs, traversa en volant le verger et se transforma peu à peu en une énorme serpente ailée, longue de près de cinq mètres. Sur le rebord de la fenêtre elle avait laissé l'empreinte de son pied...

Pendant que tous se précipitaient aux fenêtres, elle fit trois fois le tour de la forteresse et chaque fois qu'elle passait devant la fenêtre, elle lançait un cri si douloureux que tous en pleuraient de compassion : on sentait bien que c'était contre son gré qu'elle s'en allait.

Puis elle prit la direction de Lusignan, dans un tel bruissement, un tel tapage qu'il semblait, partout où elle passait, que c'était une tempête ou la foudre qui s'abattait. C'était si horrible à entendre et à voir que les gens, sur son passage, étaient frappés de stupeur. Elle fit ainsi trois fois le tour de la ville, en poussant des cris déchirants et en se lamentant avec une voix de femme, au grand étonnement des habitants : ils voyaient une serpente, mais c'était la voix d'une femme qui en sortait. Enfin, elle vint s'abattre sur la tour Poitevine dans une telle tempête, un tel vacarme qu'il sembla à tous ceux qui y étaient que toute la forteresse s'effondrait et que toutes les pierres de la construction bougeaient l'une après l'autre. Et brusquement, elle disparut.

18. La mort d'Horrible

Quand la nouvelle se fut répandue dans le pays, les petites gens se mirent à pleurer leur dame de façon bien émouvante car elle leur avait fait beaucoup de bien. Elle était d'ailleurs regrettée par tous, grands et petits, nobles et roturiers.

Alors, on commença, dans les églises, les abbayes et les prieurés qu'elle avait fondés, à réciter des psaumes et des offices nocturnes et à célébrer des messes de commémoration. Le clergé, avec ferveur, disait messes et oraisons. Et Raymondin fit faire de nombreuses prières pour elle, en grande cérémonie et très pieusement*.

* Bien que Mélusine soit une serpente et une fée, il est très important de bien se rappeler qu'elle n'est pas une âme damnée, mais une créature de Dieu.

Les hauts barons de la région vinrent bientôt trouver leur malheureux seigneur et lui dirent :

— Monseigneur, il faut que nous fassions pour votre fils Horrible ce qu'elle nous a recommandé de faire.

— Faites ce qu'elle vous a dit, répondit tristement Raymondin.

Ils entraînèrent donc l'épouvantable enfant dans une cave, avec des manières aimables et de bonnes paroles, car si Horrible s'était rendu compte de leur intention, ils n'auraient pas pu s'en emparer sans risquer leurs vies tant il était cruel et vigoureux. Ils l'enfermèrent, l'enfumèrent avec un brasier de foin humide. Puis quand il eut été étouffé, on le mit en bière et, sans ébruiter les conditions de sa mort, on l'emporta pour l'ensevelir à Poitiers, à l'abbaye de Moûtier-Neuf, où on lui fit de splendides funérailles, comme il convenait à un jeune seigneur de sa condition*.

* Cette mort d'Horrible, ordonnée par sa mère elle-même, est très curieuse ! On peut remarquer que les deux enfants de Mélusine qui meurent de mort violente – et tous deux par le feu, d'ailleurs –, sont le plus saint, Fromont, et le plus diabolique, Horrible. D'autre part, par contraste avec Horrible, Geoffroy, pourtant assez colérique et impie, apparaît comme beaucoup plus humain.

Et le triste Raymondin s'en alla à Lusignan en emmenant ses petits enfants Raymonnet et Thierry, il jura qu'il ne reviendrait plus jamais à Mervent, où il avait perdu sa femme.

Or, pendant plusieurs années, Mélusine vint tous les soirs voir ses deux derniers enfants, elle les tenait près du feu et faisait tout le nécessaire pour qu'ils soient heureux et se portent bien ; les nourrices la voyaient et n'osaient souffler mot. Les deux enfants, ainsi dorlotés par leur mère, croissaient et embellissaient tant que tout le monde s'en étonnait.

Quand Raymondin apprit enfin par les nourrices que Mélusine venait ainsi voir ses enfants, son chagrin, toujours aussi poignant qu'au premier jour, se calma un peu : il espérait la revoir à nouveau. Mais il avait tort : plus jamais il ne la retrouverait, plus jamais il ne la verrait sous sa forme humaine – même s'il était donné à d'autres de la voir. Et de toute façon, même avec l'espoir de la retrouver, sa douleur était indicible. Plus jamais on ne le vit rire ni manifester de la joie. Et il haïssait de toutes ses forces Geoffroy la Grande Dent : s'il l'avait eu à portée de sa colère, il est certain qu'il l'aurait anéanti.

19. Le tombeau d'Élinor

Mais Geoffroy était parti en Northumberland.

En effet, alors qu'il résidait encore en Guérande, dans la tour de Montjouet, il avait reçu des ambassadeurs de Northumberland qui avaient appris qu'il avait tué un géant. Or dans leur pays, près de la montagne de Brumborenlion, sévissait aussi un cruel géant, nommé Grimaud. Le monstre était haut de plus de cinq mètres et ravageait toute la région, si bien que les ambassadeurs promirent à Geoffroy un tribut héréditaire de dix mille besants d'or par an, s'il réussissait à les en débarrasser.

Geoffroy accepta avec plaisir et, toujours accompagné de ses dix chevaliers, il se mit en route. À son arrivée en Northumberland, les plus hauts barons du pays vinrent le saluer et lui dirent qu'ils se réjouissaient d'autant plus de sa venue qu'ils savaient qu'il était le seul à pouvoir les débarrasser de Grimaud.

— Et comment le savez-vous ? leur demanda Geoffroy.

— Monseigneur, répondirent-ils, de savants astronomes nous ont assuré qu'il ne pouvait mourir que de votre main. Et Grimaud le sait aussi, si bien que s'il apprend votre nom, il se sauvera pour vous échapper.

— Ma foi, dit Geoffroy, si ce que vos astronomes ont dit est vrai, il ne pourra m'échapper ! Mais conduisez-moi bien vite à l'endroit où je peux le trouver, car j'ai grand désir de le rencontrer.

Deux chevaliers du pays lui servirent donc de guide jusqu'à la montagne de Brumborenlion, où ils lui indiquèrent le sentier qui menait à un arbre où le géant se tenait volontiers pour épier les voyageurs. Geoffroy leur demanda de rester au pied de la montagne, pour être témoins de ce qui arriverait, et il commença à gravir la pente. En approchant de l'arbre, il vit le géant qui se tenait dessous. Celui-ci l'entendit venir et, empoignant un levier de fer qu'un robuste paysan aurait eu du mal à soulever, lui cria en roulant des yeux :

— Dis-donc, chevalier, qui es-tu, toi qui as l'audace de venir jusqu'à moi ? Celui qui t'a amené ici ne devait pas beaucoup tenir à ta vie !

Et Geoffroy lui répondit simplement :

— Défends-toi, je te défie !

Puis il éperonna son cheval, pointa sa lance et frappa le géant en pleine poitrine si vivement qu'il le fit voler à terre, les jambes en l'air. Ensuite il s'éloigna un peu, et de peur que Grimaud ne tue son cheval, il l'attacha à une branche basse. Le géant alla à sa rencontre, mais Geoffroy était si petit pour lui, qu'il ne parvenait pas à le trouver. Enfin, il baissa la tête, le vit et lui dit :

— Qui es-tu, petite chose, toi qui m'as abattu ? Par tous les diables, je suis déshonoré.

— Je suis Geoffroy la Grande Dent, le fils de Raymond de Lusignan.

En entendant ce nom, Grimaud, qui savait qu'il ne pourrait mourir que de cette main-là, fut désespéré.

— Je te connais bien. Tu as tué l'autre jour mon cousin de Guérande. Ce sont les cent mille diables qui t'ont amené ici.

— Certes, car je ne m'en irai pas sans t'avoir pris la vie.

À ces mots, Grimaud brandit le levier et essaya à plusieurs reprises de lui porter un grand coup sur la tête, mais à chaque tentative, Geoffroy esquivait et, de son épée, lui tranchait tantôt un bout d'épaule, tantôt un morceau de hanche. D'un bon coup d'épée, il finit même par lui faire lâcher son levier, et le géant s'enfuit dans la montagne, Geoffroy sur ses talons. Mais en chemin, le monstre trouva une crevasse dans laquelle il s'enfonça et disparut. Geoffroy s'en approcha et y passa la tête : il lui sembla que c'était le tuyau d'une cheminée. Il retourna donc à son cheval et repartit vers le bas de la montagne où il retrouva ses compagnons, ainsi que bon nombre de curieux qui étaient venus aux nouvelles. Il leur raconta ce qui s'était passé.

Le lendemain matin, il repartit, retrouva la fente dans laquelle il essaya de regarder, mais il faisait noir comme dans un puits. « Ma foi, se dit-il, si le géant, qui est plus gros que moi, y est passé, j'y passerai aussi. » Il enfonça sa lance dans le trou, s'y engagea ensuite les pieds devant et se laissa glisser le long de la lance. Arrivé au fond, il vit un étroit passage au bout duquel luisait une vive clarté. Il se signa* et se dirigea vers elle.

* Il ne s'agit pas seulement de s'attirer la protection de Dieu, comme aujourd'hui avant de faire quelque chose de difficile (tirer une question à un examen ou un penalty au foot !) : il s'agissait plutôt de faire fuir le Malin, lorsque l'on se trouvait en face de quelque chose d'extraordinaire, qui pouvait donc être d'origine diabolique.

Quand le passage se fut élargi, il se trouva dans une pièce magnifiquement décorée des objets les plus précieux et tout illuminée par de grands candélabres d'or : il y faisait aussi clair que dehors. Au centre se dressait une riche tombe d'or et de pierres précieuses, sur laquelle gisait la statue d'un grand chevalier couronné d'or et de pierreries, avec, à ses pieds, debout, grandeur nature, une reine d'albâtre. Elle tenait à la main une tablette d'or où était écrit : « Cigît mon mari, le noble roi Élinor d'Albanie » et où, à la suite, était racontée toute son histoire : comment il avait été enfermé là, comment ses trois filles avaient été punies, comment un géant avait été commis à la garde du tombeau et comment seul un de leurs descendants pourrait en délivrer le pays.

Geoffroy s'attarda longtemps à lire ces inscriptions et à admirer la beauté de la pièce, sans comprendre encore qu'il était lui-même cet héritier d'Élinor et de Pressine. Il finit par partir, par une galerie obscure, et se retrouva dans les champs.

En regardant autour de lui, il vit un grand donjon carré, vers lequel il se dirigea. Il trouva le pont-levis baissé, la porte ouverte, et il pénétra dans une grande salle au milieu de laquelle se trouvait une cage de fer, remplie de prisonniers.

— Monseigneur, pour l'amour de Dieu, sauvez-vous d'ici avant que le géant ne revienne ou vous êtes mort ! lui crièrent-ils.

— Beaux seigneurs, répondit Geoffroy, c'est pour le tuer que je suis venu ici et je serais fou de me sauver maintenant.

Sur ce, voilà qu'arriva Grimaud, qui venait de se réveiller. En voyant Geoffroy, il comprit que sa mort approchait et il eut si peur qu'il partit s'enfermer dans une chambre. Geoffroy le suivit, fit voler la porte en éclats d'un coup de pied et malgré un grand coup de maillet que son adversaire lui porta sur la tête, il lui enfonça dans le ventre son épée jusqu'à la garde. Le géant poussa un cri épouvantable et tomba raide mort.

Geoffroy délivra les prisonniers, qui s'étonnèrent beaucoup de son aventure : en effet, depuis quatre cents ans que, de père en fils, les géants ravageaient le pays, jamais personne n'avait pu s'introduire dans la grotte. Puis ils chargèrent le géant sur un char et redescendirent avec Geoffroy dans la vallée. On fit fête à Geoffroy, on voulut le combler de présents qu'il refusa, puis on décida de promener le géant dans toutes les villes du pays, où les bonnes gens s'émerveillaient qu'un homme seul fût venu à bout d'un tel monstre.

20. Un ermite à Montserrat

Quand Geoffroy revint enfin à Montjouet, ceux qui se portèrent à sa rencontre lui apprirent tout ce qui s'était passé : le courroux de Raymondin contre lui, le départ de sa mère et les révélations qu'elle avait faites avant de s'envoler. En apprenant qu'elle avait dit qu'elle était la fille du roi Élinor d'Albanie, il repensa aux inscriptions qu'il avait lues sur la tombe du roi et il fut très fier de son lignage. Mais la perte de sa mère et la douleur de son père l'affligeaient terriblement, et comme le comte de Forez, son oncle, était à l'origine de tous ces malheurs, il jura sur la sainte Trinité* que celui-ci le lui paierait.

* Geoffroy s'est déjà assagi : il ne jure plus sur « les dents de Dieu ».

Toujours suivi de ses dix chevaliers*, il repartit pour le Forez et se rendit à la forteresse de Jalensy – aujourd'hui Marcilly-le-Château – où séjournait son oncle. Il se précipita dans la grande salle, où il trouva le comte au milieu de ses barons.

— À mort, sale traître ! lui cria-t-il. À cause de vous, nous avons perdu notre mère !

Et il se rua sur lui en brandissant son épée. Le comte, qui connaissait la brutalité du jeune homme, avisa la porte de la tour principale et s'enfuit par là, talonné par son neveu, jusqu'au dernier étage. Là, comme Geoffroy menaçait toujours de le frapper, il monta sur une fenêtre et il essaya de sauter sur une petite tourelle qui était tout près. Mais le pied lui manqua et il alla s'écraser tout en bas, sur le roc.

— Sale traître, lui cria Geoffroy en se penchant, te voilà maintenant récompensé de m'avoir fait perdre ma mère !

Les barons du Forez, qui avaient assisté à la scène, étaient atterrés, mais Geoffroy leur expliqua pourquoi il avait voulu punir son oncle. Ils s'apaisèrent alors un peu et

* Si Geoffroy se fait toujours suivre de ces dix personnages qui ne lui sont d'aucune utilité particulière, c'est qu'il était inconvenant, pour un seigneur, de se déplacer sans escorte.

reconnurent que leur seigneur avait commis une faute. Peu après, Geoffroy leur fit prêter serment à son frère Raymonnet, qui devint ainsi comte de Forez, comme l'avait prévu Mélusine.

Quand Raymondin apprit la mort de son frère, son chagrin fut de courte durée, car il lui en voulait d'avoir été à l'origine de la disparition de sa femme, mais il pensa qu'il était indispensable qu'il apaise Geoffroy avant que ce violent personnage ne cause d'autres malheurs. Il le fit donc venir à Lusignan.

Du plus loin qu'il le vit, Geoffroy se jeta à genoux, supplia son père de lui pardonner et promit de reconstruire l'abbaye plus belle qu'elle n'était et d'y établir vingt moines de plus.

— Cela ne rendra pas la vie aux morts, lui répondit son père, mais maintenant, nous n'y pouvons plus rien.

Puis Raymondin lui annonça qu'il voulait, depuis longtemps, partir en pèlerinage. Il lui laisserait son domaine à gérer, et s'il ne revenait pas, Geoffroy en hériterait, à l'exception de Parthenay, Vouvent, Mervent et des terres qui en dépendaient, jusqu'à La Rochelle, que Mélusine avait destinées à Thierry. Geoffroy promit à son père de faire tout ce qu'il désirait, puis il lui raconta, ainsi qu'à ses jeunes frères, ce qu'il avait appris dans la grotte où était le tombeau d'Élinor. Ainsi furent confirmées les paroles de Mélusine, ainsi on sut quelle avait été sa faute et on connut les termes de sa punition.

Raymondin partit donc le cœur apaisé. Il chevaucha jusqu'à Rome, où il confessa son parjure au pape Benoît qui lui donna l'absolution. Puis il reprit la route jusqu'à Montserrat, en Aragon, où sept ermitages s'échelonnaient dans la roche escarpée. Et comme l'ermite qui habitait l'un d'entre eux était mort, il demanda au prieur l'autorisation de prendre sa place. Alors seulement, la joie revint en son cœur.

Quant aux barons qui l'avaient accompagné jusqu'à Toulouse*, ils revinrent à Lusignan, porteurs de la nouvelle que Raymondin s'était exilé à cause de l'immense chagrin d'avoir perdu sa femme. Geoffroy comprit alors que par sa faute, il avait perdu son père comme il avait perdu sa mère, et sa conscience commença à le tourmenter. Il revit la mort atroce des

* Raymondin s'est sans doute séparé de sa suite par humilité, mais il a aussi voulu disparaître sans dire aux siens où il se rendait.

moines de Maillezais et de son frère, il se souvint aussi de la mort de son oncle qu'il avait poussé à sauter dans le vide. Il reconnut sa folie, commença à se repentir de ses péchés et prit la pieuse résolution d'aller à Rome se confesser au Saint-Père.

Il s'y rendit donc au plus vite et, quand il eut confessé tous les péchés dont il pouvait se souvenir, le pape lui imposa pour pénitence de reconstruire Maillezais, d'y établir cent vingt moines. Il lui apprit que Raymondin s'était retiré à l'abbaye de Montserrat, avec l'intention de s'y faire ermite. Geoffroy partit alors sur les traces de son père, et quand il l'eut retrouvé, il le supplia de bien vouloir retourner sur les terres qui lui appartenaient.

— Mon fils, dit Raymondin, je ne peux pas faire cela ; je veux passer ma vie ici et prier Dieu pour ta mère et pour moi – et aussi pour toi, pour qu'il veuille t'aider à devenir bon. Quant à toi, il te faut repartir dans ton pays. Salue pour moi mes barons et mes enfants.

Geoffroy donna de riches dons à l'abbaye et recommanda son père au prieur. Il promit aussi, tant que son père vivrait, de revenir le voir une fois par an.

Plus tard d'ailleurs, les huit frères encore

vivants se rendirent ensemble à Montserrat et firent une fort joyeuse réunion autour de leur père, tout heureux de revoir ses enfants rassemblés. Puis, après leur avoir dit au revoir, Raymondin se retira dans son ermitage. Les frères comblèrent l'église de richesses et repartirent dans leurs pays respectifs.

Or une année, alors que, comme tous les ans, Geoffroy et Thierry se préparaient à partir de Lusignan pour aller voir leur père, la serpente apparut. Elle fit trois fois le tour de la ville et se posa sur la tour Poitevine, où elle se mit à pousser de profonds soupirs et à se lamenter, si bien qu'il semblait à tous qu'ils entendaient la voix d'une femme. Geoffroy et Thierry, saisis de compassion pour leur mère, se mirent à pleurer, et elle, les voyant pleurer, s'inclina vers eux et poussa un cri si terrible qu'il sembla à tous que la forteresse s'effondrait. Enfin, elle s'envola et prit la direction de l'Aragon ; sa queue était incroyablement longue et burelée d'azur et d'argent*.

Tous se demandaient ce que pouvait bien

* C'est-à-dire d'azur à larges rayures argent : la queue de Mélusine est assortie au blason des Lusignan.

signifier cette apparition, lorsqu'un baron qui avait assisté aux adieux de Mélusine s'avança et dit à Geoffroy et Thierry :

— J'étais présent quand votre mère s'en est allée. Et vous devez savoir qu'elle a dit qu'à tout jamais, tant que le monde durerait, elle apparaîtrait trois jours avant que cette forteresse ne change de maître ou avant que l'un des siens ne meure. L'apparition se ferait à Lusignan et à l'endroit où aurait lieu la mort. Soyez donc sûrs, d'après la direction que je lui ai vu prendre, que vous trouverez votre père mort en arrivant là-bas.

Et en effet, quand les deux frères arrivèrent à Montserrat, très affligés, munis de vêtements de deuil pour eux et leurs compagnons, ils apprirent que leur père était mort et que la serpente était apparue, tel jour. Ils découvrirent que c'était le jour même où on l'avait vue à Lusignan et que leur père était mort trois jours après.

Ils lui firent des funérailles dignes d'un roi et remportèrent son cœur, qu'ils enterrèrent en grande pompe à Notre-Dame de Lusignan.

21. Le pommeau de la tour Poitevine

Geoffroy demeura à Lusignan où il fit, par la suite, beaucoup de bien. Il reconstruisit l'abbaye de Maillezais, plus grande et plus puissante qu'elle ne l'avait jamais été, et il y établit cent vingt moines, avec de bonnes rentes ; il fut décidé qu'ils prieraient toujours pour les âmes de Raymondin, de Mélusine et de tous leurs descendants. Geoffroy se fit représenter à l'entrée, grandeur nature, aussi ressemblant qu'il est possible de le faire*. Et

* L'abbaye de Maillezais, en Poitou, est aujourd'hui en ruine, mais on y montre toujours une grosse tête de pierre qu'on dit représenter Geoffroy la Grande Dent.

pendant dix ans, après la mort de son père, il gouverna sa terre sans jamais se soucier qu'on lui en donne des comptes*. Et quand ses intendants lui présentaient leurs livres, pour qu'il sache sa situation, il répondait :
— Quels comptes voulez-vous qu'on me lise**, puisque vous et moi vivons à l'aise, que mes forteresses sont bien tenues, que vous me donnez de l'argent quand j'en demande, pour moi ou pour les autres. Croyez-vous que j'aie envie de construire une maison en or ? Les maisons de pierre que m'ont laissées monseigneur mon père et madame ma mère me suffisent bien.
— Monseigneur, lui répondait-on, un seigneur ne doit-il pas se faire lire ses comptes une fois par an, ne serait-ce que pour donner quittance à ses receveurs et ses intendants, de sorte que l'on n'ait rien à reprocher ni à eux, ni à leurs descendants ?

Finalement, devant leur insistance,

* Cette insouciance n'était pas considérée comme un défaut, mais comme une qualité digne d'un grand seigneur.

** Geoffroy sait déchiffrer une inscription, comme il l'a montré avec la tablette de Pressine, mais, comme les seigneurs de son temps, il préfère se faire lire les textes, même aussi complexes que des livres de comptes : l'oral était plus accessible que l'écrit.

Geoffroy finit par consentir. Ils comptèrent et recomptèrent donc, si bien que tout fut réglé. Mais pour chaque année, dans les comptes du receveur de Lusignan, revenait toujours, à la fin : « *Item*, dix sous pour le pommeau de la tour. »

— Ne pouvez-vous donc le faire construire assez solide pour qu'il dure dix ou vingt ans, afin qu'on n'aie pas à le faire entrer si souvent dans les comptes ?

— Eh non ! monseigneur, lui répondirent ses receveurs, c'est un tribut.

— Comment ? dit Geoffroy. Mon seul suzerain pour Lusignan n'est-il pas Dieu, mon créateur ? Et avec lui, j'aimerais bien en être quitte pour dix sous par an ! Et à qui le payez-vous, ce tribut ?

— Ma foi, monseigneur, nous ne savons pas. Cinq ou six ans après que votre mère se fut séparée de votre père*, tous les ans, le dernier jour d'août, une grande main apparut, qui prenait la boule qui orne le sommet de la tour Poitevine et l'arrachait en faisant tomber une partie de la toiture ; il y en avait, tous les ans, pour vingt ou trente livres à la refaire. Enfin,

* On peut se demander pourquoi cette affaire ne se déclenche pas dès le départ de Mélusine. Sans doute sa présence bénéfique, tant qu'elle est revenue s'occuper de ses enfants, a-t-elle encore protégé Lusignan.

un beau jour, un inconnu se présenta et conseilla à votre père de mettre, tous les ans, dix sous d'argent dans une bourse en cuir de cerf et de les faire porter en fin d'après-midi au dernier étage de la tour sous la pièce de bois qui soutient l'aiguille où est fixée cette boule : ainsi le pommeau demeurerait-il intact. On l'a fait tous les ans depuis et le pommeau n'a plus été arraché. Et le lendemain, on ne retrouve plus la bourse et l'argent.

Geoffroy réfléchit longtemps en silence, puis il s'exclama :

— Pourquoi imaginez-vous que, si mon père a voulu accepter des servitudes pour ses possessions, aussi longtemps qu'il en a été maître, je devrais, moi, en faire autant ? Cette terre est libre : vous avez vu les actes par lesquels le bon comte de Poitiers la donna à mon père en toute franchise ! Sur ma tête, je ne paierai jamais un sou pour cette terre et vous, ne vous risquez jamais à payer pour cela, sinon, vous recevrez une bonne correction ! Mais apportez-moi la bourse et l'argent le jour où vous avez l'habitude de les déposer et je rencontrerai celui qui a l'audace de lever un tribut sur moi.

Peu avant le jour dit, il envoya chercher à Parthenay son frère Thierry, en Forez son frère Raymonnet, dans la Marche son frère Eudes, et il leur raconta cette aventure, qui les laissa très perplexes.

— Que comptez-vous faire ? demandèrent-ils à Geoffroy.

— Vous le verrez bien !

Et quand le dernier jour d'août arriva, il écouta la messe au petit matin, se confessa et communia avec une grande ferveur. Puis il s'arma de pied en cap et demanda l'étole du chapelain qui avait dit la messe, la mit autour de son cou et la croisa sur sa poitrine. Il pendit à son cou la bourse où se trouvaient les dix sous, attacha son épée et demanda au chapelain d'asperger son bouclier d'eau bénite*. Enfin, il dit à ses frères :

— Je vous recommande à Dieu. Je vais aller voir si je peux trouver celui qui veut lever un tribut sur ma forteresse de Lusignan.

Et il monta alors jusqu'à l'étage le plus élevé de la tour, laissant ses frères et les

* Geoffroy l'intrépide ne s'était livré à aucun de ces préparatifs pour lutter contre les géants ! On peut donc penser que, dans cette aventure, il redoute d'avoir affaire à une créature maléfique, diabolique même, contre laquelle il a besoin de tous les secours de la religion.

autres seigneurs en grande peur de ne plus le revoir vivant.

Mais lui, qui ne redoutait rien, attendit tranquillement une grande partie de l'après-midi, sans voir qui que ce soit. Enfin, après l'heure de vêpres*, il entendit un énorme fracas qui fit trembler le toit de la tour, tandis qu'un grand chevalier en armure apparaissait devant lui.

— Comment, Geoffroy, lui dit-il, tu veux m'enlever la rente qui m'est due pour le pommeau de cette tour qui m'a été inféodée du temps de ton père ?

— Où sont les lettres par lesquelles mon père a accepté cette redevance ? Montre-les-moi et si je vois que tu as un droit sur cette boule, voici ton argent tout prêt.

— Je n'ai jamais eu de lettres, mais j'ai été payé jusqu'à présent, répondit l'autre.

— Tu me tiens pour bien sot, pour vouloir m'imposer une servitude sans me prouver que tu y as droit. Et d'ailleurs, qui es-tu, pour y prétendre ? Je te défie, au nom de

* Au Moyen Âge, on n'avait bien entendu pas de montre. On se fixait donc, pour se repérer dans le temps, sur les heures des services religieux que l'on entendait sonner dans le monastère voisin. « Vêpres » correspond à la fin de l'après-midi, avant la tombée de la nuit, soit, au mois d'août, environ sept heures du soir.

la puissance divine, et je revendique contre toi l'intégrité de mon patrimoine légitime*.

Alors, sans rien ajouter, ils commencèrent à se battre, se portant avec férocité de grands coups dont le fracas s'entendait jusqu'au bas de la forteresse. On s'y rendait bien compte que Geoffroy avait affaire à forte partie, et ses frères seraient bien accourus à son secours s'il ne le leur avait pas interdit.

À un moment, bien après le coucher du soleil, le chevalier, avisant la bourse, la prit par les cordons et essaya de l'arracher du cou de Geoffroy. Geoffroy l'empoigna à son tour, l'autre tira de toutes ses forces, les cordons se rompirent et Geoffroy garda en main la bourse et l'argent.

— Tu n'as pas encore l'argent, dit Geoffroy, et je m'étonne que tu aies pu me résister si longtemps.

— C'est moi qui m'étonne que tu aies pu tenir contre ma force ! Mais il fait mainte-

* Il s'agit donc à nouveau (voir chapitre 9) d'un combat judiciaire : l'enjeu n'est pas de forcer le vaincu à se soumettre, mais de prouver, dans un litige, que le vainqueur a le droit de son côté, puisque tel est le jugement de Dieu. L'appel à la puissance divine a cependant aussi une autre fonction ici : il est demandé à Dieu de décider, en protégeant Geoffroy, que l'héritage et le descendant de Mélusine soient définitivement libérés des forces du mal.

nant nuit noire : je te donne rendez-vous demain dans ce pré en contrebas, pour revendiquer mon droit contre toi. Mais viens seul.

— Je te le promets, dit Geoffroy.

Quand il redescendit, ses frères, en voyant son casque défoncé par les coups et son armure brisée, comprirent que le combat avait été des plus rudes. Très tôt le lendemain, ils allèrent à la messe, puis Geoffroy prit une soupe au vin*, s'arma et monta sur un bon cheval. Ses frères ne l'accompagnèrent que jusqu'au gros ruisseau qui traverse la prairie, du côté de Poitiers**. Arrivé là, il prit congé d'eux et traversa la rivière. De l'autre côté, il trouva un grand chevalier en armure, lance au poing, monté sur un cheval gris pommelé.

— Seigneur chevalier, lui cria Geoffroy, êtes-vous bien celui qui veut lever un tribut sur ma forteresse ?

L'autre acquiesça, et, après le défi d'usa-

* Une soupe au vin, c'est du pain trempé dans du vin (d'où l'expression « trempé comme une soupe »). Ce plat assez revigorant était l'ordinaire du petit déjeuner, que l'on appelait encore à l'époque le déjeuner. Quant à la messe, un bon chevalier se devait de l'écouter chaque matin.

** On remarquera que, bien que la forêt ait été défrichée et une forteresse construite, c'est le lieu où Mélusine était apparue à Raymondin pour la première fois.

ge, le combat reprit, à la lance puis à l'épée, si bien qu'en fin d'après-midi *, ils n'avaient plus ni bouclier ni cotte de maille qui ne soient brisés en cent endroits. Et il n'y avait toujours ni vainqueur ni vaincu.

Le chevalier prit alors la parole et dit :

— Geoffroy, écoute-moi. Je t'ai suffisamment mis à l'épreuve et je te tiens quitte de tes dix sous. Sache que je n'ai agi que pour le salut de ton père : le pape lui avait donné une pénitence qu'il n'avait pas accomplie**.

* Le combat a donc duré environ quatorze heures : de sept à neuf heures du soir la veille et de sept heures du matin à sept heures du soir le jour même.

** Que penser de cela ? Raymondin a accepté le tribut du temps où il était encore à Lusignan, or il n'y est plus revenu depuis son pèlerinage. On peut imaginer que les fautes de Raymondin, celle de Mélusine, ainsi que sa nature de fée font que les forces diaboliques ont eu leur part dans la construction de Lusignan et que dès que la protection de Mélusine a cessé de s'exercer, le diable (ou quelque envoyé des forces maléfiques) a réclamé son dû, que Raymondin a accepté de payer. La pénitence du pape aurait libéré la terre, mais Raymondin a oublié de l'accomplir. C'est alors à Geoffroy de prouver qu'en vieillissant, il s'est tellement repenti qu'il est maintenant complètement du côté du bien et qu'il peut libérer Lusignan de tous les maléfices. On se rappelle peut-être que Geoffroy avait été présenté comme ne craignant ni homme ni diable : cette interprétation permet de l'imaginer ayant livré un combat avec le diable lui-même.

Mais si tu veux bien faire construire un hôpital et concéder une chapellenie, pour le salut de l'âme de ton père, ta tour restera en paix.

Geoffroy lui répondit qu'il le ferait bien volontiers, s'il pensait avoir en face de lui une créature de Dieu. L'autre jura qu'il l'était*.

— Je le ferai donc, ajouta Geoffroy, mais dis-moi qui tu es.

— Ne m'en demande pas davantage, Geoffroy, car tu ne peux savoir qui je suis.

Et il disparut alors : ni Geoffroy ni ceux qui regardaient de l'autre côté de la rivière ne surent où il était passé.

Ils retournèrent donc à Lusignan et en souvenir, Geoffroy fit suspendre à l'un des piliers de la salle le bouclier pris la veille au chevalier. Mais dès qu'il eut fait construire l'hôpital et établir la chapellenie, ce bouclier disparut.

Ainsi, la tour Poitevine demeura libre de tout tribut, mais elle continua, aussi longtemps qu'elle se dressa dans le ciel de Lusignan, à demeurer un lieu enchanté,

* Le diable lui-même n'est-il pas une créature de Dieu ? Et ses interventions ne sont-elles pas voulues par Lui ?

propice aux merveilles. Quant à Geoffroy, ne s'étant jamais marié, il mourut sans descendants, à un âge avancé, d'une mort très pieuse, et il fut regretté de tous pour le bien qu'il avait fait.

22. La dame blanche*

Après la mort de Geoffroy, la forteresse de Lusignan passa de main en main et l'on se répétait que, par voie d'échange, d'acquisition ou de conquête, elle ne resterait pas trente ans en la possession du même propriétaire, à moins qu'il ne fût un descendant de Mélusine et de Raymondin. Et trois jours avant qu'elle ne change de seigneur, Mélusine apparaissait.

* Dans le folklore, on appelle « dames blanches » des apparitions de femmes vêtues de blanc, annonciatrices de mort pour ceux qui les rencontrent. On dit que certains automobilistes en voient encore, les prévenant d'un danger à de mauvais carrefours. Certaines feraient même de l'auto-stop !

Ainsi, pendant la guerre de Cent Ans, la forteresse fut prise par les Anglais, avant d'être reconquise, à la pointe de l'épée, par le duc Jean de Berry*. Or, peu de temps avant que la forteresse ne se rende, son gouverneur, le capitaine Creswell, était au lit avec sa compagne, une femme de Sancerre** nommée Alexandra. Il s'éveilla soudain et vit devant lui, à la lumière d'un grand feu qui brûlait dans la cheminée, une serpente étonnamment grande et grosse, dont la queue, longue de six pieds***, était burelée d'azur et d'argent ; elle en battait le lit à grands coups, sans leur faire de mal. Il ne put savoir par où elle était entrée, car toutes les portes étaient fermées avec de lourdes barres de fer. Et lui qui était pourtant habitué aux plus durs combats, il eut peur comme jamais dans sa vie, et, se dressant sur son

* Fils du roi de France Jean le Bon, compagnon de Du Guesclin dans la reconquête d'une partie du Poitou sur les Anglais ; c'est lui qui commanda à Jean d'Arras, sans doute son secrétaire, de mettre en français le contenu de vieilles chroniques latines se rapportant à Mélusine.

** La précision a son importance : bien que n'étant pas poitevine, Alexandra est originaire du centre de la France et connaît certainement mieux les légendes locales que le capitaine anglais.

*** Plus de deux mètres.

séant, il prit l'épée à son chevet. Alexandra s'éveilla alors à son tour et lui dit :

— Comment, Creswell*, vous qui en avez tant vu, vous avez peur de cette serpente ? C'est certainement la dame qui fit édifier cette forteresse. Sachez qu'elle ne vous fera pas de mal : elle vient simplement vous faire savoir qu'il vous faudra bientôt vous dessaisir de la place de Lusignan.

Creswell n'était toujours pas rassuré. Au bout d'un moment, la serpente prit l'aspect d'une grande femme au port élégant, vêtue d'une robe de bure grossière resserrée à la poitrine, avec sur la tête une coiffe blanche à la mode du temps jadis. Tantôt elle allait s'asseoir, tantôt elle se retournait vers le lit, dos au feu, leur montrant un visage encore très beau, tantôt elle se retournait vers le feu. Une heure avant le jour, elle se retransforma en serpente et se remit à battre le lit de sa queue, toujours sans leur faire de mal. Puis elle disparut aussi mystérieusement qu'elle était apparue.

Ce même jour, elle apparut par deux fois sur les remparts de Lusignan à un autre chevalier anglais, nommé Yvain de Galle.

* L'utilisation du nom propre apporte une nette nuance de mépris.

Trois jours après, reprise par les Français, la forteresse changeait effectivement de maître.

Un peu auparavant, la serpente était aussi apparue au roi de Chypre, qui le raconta à son chambellan, Perceval de Cologne, en ajoutant qu'il était très inquiet.
— Et pourquoi, monseigneur ? demanda le chambellan.
— Ma foi, répondit le roi, parce que j'ai peur qu'il ne m'arrive un malheur sous peu ou qu'il n'en arrive un à mon fils : en effet, quand un descendant des Lusignan doit mourir, la serpente se manifeste ainsi, soit à lui-même, soit en se contentant de rôder autour de la forteresse.

Trois jours plus tard, le roi était assassiné par trahison.

D'autres encore l'aperçurent, et en particulier, du temps où la forteresse était tenue par Jean de Berry, un brave homme nommé Godard, qui vaquait dans les poulaillers et qui la voyait souvent, près du puits – un puits magique, très profond, dans lequel celui qui se penchait entendait, en prêtant bien l'oreille, rouler tout un trésor de pièces d'or.

Depuis que la forteresse de Lusignan a été abattue, depuis qu'il n'existe plus de descendant direct des fils de Mélusine*, la dame n'apparaît plus que très rarement. Mais si vous allez en terre poitevine, vous la verrez peut-être, par une nuit de pleine lune, danser au bord d'une source, ou voler, par une nuit d'orage, mi-femme, mi-serpent, au-dessus de la falaise sur laquelle la ville de Lusignan est construite.

N'ayez pas peur alors, car à vous, elle n'annonce rien de mal, mais souhaitez-lui du fond du cœur de pouvoir enfin trouver le repos, avant la fin des temps.

Et ainsi se finit l'histoire véridique de la noble lignée des Lusignan en Poitou, dont sont issus, selon les vieilles chroniques, les rois de Chypre et d'Arménie, de Bavière et de Luxembourg, ainsi que les Pembrock en Angleterre, les Cabrières en Aragon, les Sassenage en Dauphiné, les La Rochefoucauld et les Cadillac.

* La famille compte encore cependant un descendant, mais par les femmes.

Appendice I
Mélior

Longtemps après la mort de Guy de Lusignan, roi d'Arménie, l'un de ses descendants, beau jeune homme bouillonnant de force, très intelligent, audacieux et ardent comme un lion*, apprit qu'il y avait, en Grande Arménie, un château où résidait la plus belle dame du monde. Cette dame avait un épervier, et si un chevalier réussissait à le veiller sans s'endormir un ins-

* La comparaison n'est pas innocente : voir page 172, l'allusion à Léon de Lusignan, dernier roi d'Arménie, qui « porte le nom d'une bête sauvage ».

tant pendant trois jours et trois nuits bien précis – l'avant-veille, la veille et le jour de la Saint-Jean* – elle lui apparaissait le quatrième jour au matin et lui accordait le don de son choix. Il pouvait demander n'importe quel bien en ce monde, à l'exception de la personne et de l'amour de la dame.

Le roi, qui était dans le plein épanouissement de sa beauté et de sa vigueur, jura qu'il irait au château de cette dame et affirma qu'il se faisait fort d'obtenir son amour. Il prit donc la mer avec une suite importante et finit par arriver devant le château de l'Épervier deux jours avant la Saint-Jean. Au matin, il prit congé de ses compagnons qui se désolaient et pensaient ne plus jamais le revoir et se présenta à l'entrée du château.

Ce fut un vieil homme tout habillé de blanc qui l'accueillit et lui demanda qui il était.

— Je demande à subir l'épreuve de ce château, répondit-il sans se nommer.

* La Saint-Jean, le 23 juin, correspond approximativement au solstice d'été, c'est-à-dire à la nuit la plus courte de l'année. Depuis les temps les plus reculés, cette époque est célébrée comme fête de la lumière. Dans la tradition folklorique, c'est la nuit de tous les sortilèges.

Le vieillard lui souhaita la bienvenue et l'introduisit dans une grande salle où se trouvait une perche faite d'une corne de licorne, surmontée d'une pièce de velours ; l'épervier était perché là, le gant* près de lui.

— Mon ami, voici l'épreuve de ce château : vous devrez, sans dormir un instant, veiller cet épervier pendant trois jours et trois nuits. Si la Fortune vous est favorable, la dame de ces lieux vous apparaîtra le quatrième jour ; demandez-lui alors le don que vous voudrez, à l'exception de son amour et de sa personne, car cela, vous ne pourrez l'obtenir. Cette exigence vous porterait malheur, sachez-le et réfléchissez-y. Et s'il vous arrivait de vous endormir ne serait-ce qu'un instant, sachez que vous seriez condamné à rester ici jusqu'à la fin de votre vie.

Le bon vieillard s'en alla après avoir prononcé ces paroles. Le roi, resté seul, trouva à une extrémité de la salle une table couverte d'une nappe immaculée et de mets appétissants. Il s'en approcha et mangea avec modération, ne but qu'une seule fois, car il savait que trop manger et trop boire attire le sommeil.

* Dans la chasse à l'épervier, l'oiseau de proie se pose sur le poing du chasseur qui porte un solide gant de cuir pour se protéger des serres de l'animal.

Il se promena ensuite dans la salle, où il vit des fresques racontant des histoires, avec des inscriptions au-dessus, expliquant de quoi il s'agissait. Entre autres était représentée l'histoire du roi Élinor d'Albanie, de la reine Pressine et de leurs trois filles.

Le roi prit grand plaisir à cette histoire et à d'autres qui étaient rapportées là. Il s'occupa ainsi agréablement jusqu'au troisième jour. Il aperçut alors une très belle chambre qu'il n'avait pas encore vue. La porte en était ouverte, il entra et découvrit une fresque représentant une quantité de chevaliers, vêtus de cottes ornées de leurs armoiries. Dessous étaient indiqués leurs noms, leurs lignages* et leurs pays ainsi que la phrase suivante : « Telle année, ce chevalier veilla notre épervier, mais il dormit. Aussi lui faut-il tenir compagnie à la dame de ce château, aussi longtemps qu'il vivra. » Et parmi ces chevaliers, il y avait trois places vides où ne se trouvaient que noms, lignages, pays et armoiries, avec la mention que telle ou telle année, ces chevaliers avaient bien veillé l'épervier et qu'ils étaient repartis avec les dons qu'ils avaient obtenus.

* Nous dirions aujourd'hui leurs prénoms et leurs noms de famille.

Le roi s'attarda si longtemps dans la salle qu'il manqua s'endormir. Mais il s'en rendit compte, sortit et s'aperçut alors que la nuit était déjà tombée.

Bientôt, l'aube parut et dès que le soleil pointa à l'horizon, la dame du château arriva, ravissante et dans de si beaux atours que le roi en fut ébloui. Elle le salua, lui annonça qu'il avait fort vaillamment remporté son épreuve et qu'il pouvait lui demander le don qui lui plairait.

Déjà épris d'amour pour elle, le roi lui répondit qu'il ne voulait ni or, ni argent, ni terres, villes ou châteaux car il était déjà très riche, que ce qu'il désirait, c'était l'avoir en mariage.

— Pauvre fou, répondit la dame, vous savez bien que cette demande ne peut être satisfaite ! Demandez donc autre chose.

— Pourtant, dit le roi, je ne veux pas d'autre don et je ne vous en demanderai pas d'autre.

— Au nom de Dieu, roi, si tu me le demandes encore, il t'arrivera malheur, ainsi qu'à tes descendants, qui n'y sont pourtant pour rien.

Mais le roi s'obstina :

— Je ne veux rien d'autre que votre personne, je ne suis venu ici pour rien d'autre.

Alors, la dame se fâcha :

— Pauvre fou de roi, tu m'as manqué d'égard et tu ne recevras donc aucun don. Et de plus, pauvre insensé, ne descends-tu pas du roi Guy, fils de ma sœur Mélusine ? Je suis ta tante* et donc, même si je consentais à t'épouser, l'Église s'y opposerait.

Et elle lui rappela toute l'histoire du roi Élinor et de Pressine, telle qu'il venait de l'apprendre par les fresques du château, en lui expliquant que c'étaient ses ancêtres ; elle ajouta :

— Pauvre fou de roi, ta sottise te portera malheur. Tes descendants verront s'amenuiser leurs terres et, à la neuvième génération, ton neuvième descendant, qui portera le nom d'une bête sauvage, perdra le royaume que tu gouvernes. Va-t'en maintenant, car tu ne peux rester ici plus longtemps.

Mais le roi, au lieu de renoncer à sa folie, tenta de prendre la dame dans ses bras : il s'élança vers elle... et ses bras se refermèrent sur le vide, car Mélior avait disparu dans les airs. Au lieu de tendres baisers, il sentit tomber sur lui, drus comme pluie, des coups de poing, de pied, de bâton puis des mains invisibles le traînèrent sans

* Où l'on voit, une fois encore, que les fées bénéficient d'une jeunesse éternelle.

aucun égard hors des limites de la forteresse, où il fut abandonné, furieux et bien mal en point.

Et quand ses gens l'eurent retrouvé et qu'il rentra chez lui, se gardant bien de se vanter de sa mésaventure, son cœur était lourd : il repensait aux paroles de la dame et craignait d'avoir perdu sa chance et son bonheur.

Et en effet, ce roi ne connut plus la joie. Il régna longtemps, mais de jour en jour son état et sa situation se dégradaient d'une manière ou d'une autre. Il mourut enfin, révélant sur son lit de mort ce qui lui était arrivé. Et ses héritiers eurent beaucoup à faire, beaucoup de malheurs et de calamités les accablèrent, jusqu'à la neuvième génération où le trône d'Arménie fut retiré à Léon de Lusignan, lointain descendant de Mélusine.

Appendice II
Palestine

Quant à Palestine, on se souvient qu'elle avait été enfermée dans le mont Canigou, une montagne d'Aragon infestée de serpents venimeux*, pour y garder le trésor de son père, le trésor qui seul permettrait de conquérir la Terre promise**. Bien des chevaliers avaient tenté l'aventure, mais jamais nul n'était revenu. Bien des chevaliers aussi forts qu'agiles avaient tenté de conquérir le trésor, mais tous étaient morts.

Dans la montagne, en effet, il y avait un

* Le mont Canigou existe réellement dans les Pyrénées : l'histoire mêle, encore une fois, la réalité et la fiction.

** C'est la nostalgie des royaumes francs du Moyen-Orient qui transparaît ici. Le nom de Palestine lui même est significatif.

monstre extraordinaire, d'une cruauté terrible et infiniment dangereux qui se terrait dans un ravin : il avait la panse aussi grosse qu'un tonneau, une seule oreille, un seul œil dans son énorme front, pas de narines, si bien que son haleine, son ronflement même, quand il était endormi, sortaient par son unique oreille, avec un bruit si terrible que toute la montagne en retentissait. Au fond du ravin se trouvait la demeure de Palestine et au fond de la demeure, une porte de fer protégeait la cachette du trésor. Cette porte, personne ne l'avait jamais ouverte, et personne n'aurait pu l'ouvrir, s'il n'appartenait au lignage de Pressine et d'Élinor, mais cela, aucun des chevaliers qui s'étaient lancés dans la quête du trésor ne le savaient. De plus, avant d'arriver au ravin, il fallait monter, sans rencontrer le moindre endroit pour se reposer, un étroit sentier coupé d'ornières et de fossés pleins des serpents les plus venimeux.

Un jour, un chevalier d'Angleterre, un descendant du fameux Tristan*, tenta l'aventure. C'était un seigneur d'une trentaine d'années, courageux et fort, très expert dans l'art des combats, c'était aussi un homme bon et généreux. Il avait

* Le héros de *Tristan et Iseult*.

entendu parler du trésor et il s'était juré de s'en emparer, puis de partir pour la Terre promise et de la conquérir. Il partit donc pour le mont Canigou, accompagné d'un seul page. Quand il fut près de la montagne, il rencontra un homme qui le mena jusqu'à une demi-lieue et lui dit :

— Voici la montagne que vous cherchez. Quant à moi, je n'irai pas plus loin. Le sentier par lequel vous devez monter commence ici, mais, soyez sûr que vous n'en reviendrez pas. J'ai déjà vu plus de vingt chevaliers s'aventurer par là et aucun n'est jamais revenu. Si vous m'en croyez, retournez sur vos pas, noble seigneur.

Mais le chevalier continua sa route. Arrivé au pied de la montagne, il donna son cheval à son page et lui demanda de l'attendre jusqu'à son retour. Puis il se signa, recommanda son âme à Dieu et s'engagea dans le sentier, sa bonne épée d'acier trempé à la main.

À peine s'y était-il engagé qu'un grand serpent se lança sur lui, gueule grande ouverte pour le dévorer, mais lui, d'un coup de son couteau, lui trancha la tête : le serpent, qui faisait bien dix pieds de long*, tomba raide mort.

* Plus de trois mètres.

À peine avait-il repris son ascension qu'un ours surgit et se jeta sur lui. Le chevalier brandit son épée, mais l'ours, d'un coup de griffes, fit tomber son bouclier et l'agrippa à l'épaule, déchirant sa cotte de maille. D'un coup d'épée, le chevalier lui coupa le groin, à ras des yeux. Mais il avait affaire à un vieil ours, puissant et rusé, qui, bien qu'ayant le museau tout meurtri, tenta en haussant la patte de happer son attaquant. Le chevalier fit vivement un saut de côté et c'est lui qui, d'un revers de son épée, trancha la patte de l'ours. La bête blessée se dressa alors sur ses deux pieds de derrière et, de l'autre patte, lui brisa son armure. Pour lui faire lâcher prise, son adversaire lui donna des coups de dague dans la gorge, puis d'un coup d'épée, lui coupa l'autre patte et finit par lui plonger, avant que la bête dressée ne retombe, son épée dans le ventre jusqu'à la garde.

Quand l'ours s'écroula, mort, le courageux seigneur anglais reprit son ascension, tuant sur son chemin serpents et bêtes féroces. Il parvint ainsi au ravin où le monstre gardait le trésor magique. L'animal le vit, de son œil unique qui avait bien trois pieds* de tour et plein de rage, il s'avança,

* Presque un mètre.

traînant sa grosse panse, vers le chevalier, qui brandit son épée et en porta un coup violent au dragon. Las ! ni fer ni acier ne pouvaient entamer la peau de la bête et, si bien trempée que fût l'épée, le monstre la prit dans ses dents, et la brisa en deux tronçons. Puis, gueule béante, du chevalier il ne fit qu'une bouchée qu'il engloutit sans peine, comme un pâté dans un four !

Ainsi mourut le vaillant chevalier d'Angleterre et c'est regrettable, car nul ne monta jamais aussi haut dans la montagne et ne parvint aussi près du trésor, mais, malgré sa vaillance, comme il ne descendait pas d'Élinor et de Pressine, la réussite lui était interdite. Son page l'attendit deux jours entiers, puis il repartit tristement en Angleterre. En chemin, il rencontra un magicien de Tolède* qui lui raconta tout ce qui était arrivé à son maître.

* Tolède était un carrefour où savants et traducteurs musulmans, juifs et chrétiens échangeaient leur savoir, du temps où une partie de l'Espagne était encore arabe. Et comme ce savoir – que l'on pense, par exemple, à l'introduction de la numérotation arabe, avec le zéro, pour indiquer le changement de dizaine, qui a complètement transformé les mathématiques en se substituant à la numérotation latine ! – paraissait magique au commun des mortels, Tolède passait pour une ville de magiciens.

Il se trouva encore bien des chevaliers – l'un d'eux arriva même de Hongrie – pour essayer de gravir la montagne, mais ils furent dévorés par les serpents avant de parvenir jusqu'au ravin.

Geoffroy lui-même faillit tenter l'aventure d'aller jusqu'au mont Canigou, de tuer le monstre et de conquérir le trésor, mais il était déjà très âgé, sa mort survint avant qu'il ne se mette en route et nul ne put reconquérir la Terre promise*.

Ainsi Palestine demeura pour toujours enfermée dans le mont Canigou, attendant qu'un descendant de sa sœur Mélusine vienne enfin la délivrer et s'emparer du trésor qu'on lui avait donné à garder...

* Cet épisode, dont le héros n'est pas un Lusignan mais un seigneur anglais, ne figure pas dans le *Roman de Mélusine* de Jean d'Arras ; on le trouve dans le texte postérieur écrit par Couldrette.

Table des matières

Castor Poche

Des livres pour toutes les envies de lire,
envie de rire, de frissonner, envie
de partir loin ou de se pelotonner dans un coin.

Des livres pour ceux qui dévorent.
Des livres pour ceux qui grignotent.
Des livres pour ceux qui croient ne pas aimer lire.
Des livres pour ouvrir l'appétit de lire et de grandir.

Castor Poche rassemble des textes du monde entier ; des récits qui parlent de vous mais aussi d'ailleurs, de pays lointains ou plus proches, de cultures différentes ; des romans, des récits, des témoignages, des documents écrits avec passion par des auteurs qui aiment la vie, qui défendent et respectent les différences. Des livres qui abordent les questions que vous vous posez.

Les auteurs, les illustrateurs, les traducteurs vous invitent à communiquer, à correspondre avec eux.

Castor Poche
Atelier du Père Castor
4, rue Casimir-Delavigne
75006 PARIS

Castor Poche

A chacun ses intérêts, à chacun ses lectures.

9 séries à découvrir :
Aventures
Contes et Fables
Connaissances
Fantastique et Science-fiction
Histoires d'Animaux
Humour
Le monde d'Autrefois
Mystère et Policier
Vivre Aujourd'hui

Castor Poche
Une collection qui s'adresse à tous les enfants
Benjamin : dès 3/4 ans
Cadet : dès 5/6 ans
Junior : dès 7/8 ans
Senior : dès 11/12 ans

Castor Poche, des livres pour toujtes les envies de lire : pour ceux qui aiment les contes et les fables, voici une sélection de contes et fables du monde entier.

32 **Le conteur de Marrakech** **Junior**
par Tony Barton
Sur la grande place de Marrakech, est assis le conteur. Pour quelques piécettes, il raconte des histoires où se mêlent la magie et le merveilleux, la sagesse et l'humour. Elles sont peuplées de djinns et de goules, et imprégnées de la saveur d'un peuple voué aux échanges.

39 **Fables d'Afrique** **Junior**
par Jan Knappert
Savez-vous qu'aux premiers temps du monde tous les animaux étaient des animaux domestiques? Savez-vous comment certains quittèrent l'homme, et devinrent des animaux sauvages? Savez-vous comment fut créé le chameau? Et de quoi discutent l'araignée et le mille-pattes quand ils se font des confidences ?

46 **Contes du Panchatantra** **Junior**
par Leonard Clark
Onze contes de la tradition en Inde, mettant en scène des animaux et des hommes. Un univers de merveilleux et de symboles, fertile en rebondissements, en imprévus et en astuces.

59 **Dix-neuf fables de renard** **Junior**
par Jean Muzi
Dans ces fables, empruntées à la littérature populaire d'Afrique, d'Asie, ou d'Europe, Renard est toujours perfide, fin, rusé et substil dans ses rapports avec les autres animaux. Il berne preque toujours ses voisins, mais il lui arrive parfois d'être pris à son propre piège...

70 **Contes du monde arabe** **Junior**

par Jean Muzi

Seize contes recueillis auprès de conteurs du Moyen-Orient, appartenant à la littérature orale arabe. Ils sont en quelque sorte un prolongement des contes des Mille et Une Nuits. Influencés par l'islamisme, ils mettent en scène des animaux et des hommes, dont les comportements reflètent la sagesse des peuples du désert.

85 **Bachir et les sept épreuves** **Junior**

par Pierre Bourgeat

Bachir est unjeune garçon espiègle et futé. Il ne manque pas d'idées pour répondre aux railleries des femmes de la maison. Pour leur échapper, Bachir va garder les chèvres de son père sur les plateaux de Kabylie. « Enfin un peu de calme ! » pense-t-il. Mais voilà que le Djinn, le génie de tous les génies, lui confisque ses sept chèvres et lui impose sept épreuves pour les regagner. Qui sera le plus malin, le Djinn ou Bachir?

90 **Dix-neuf fables du roi lion** **Junior**

par Jean Muzi

Dix-neuf fables originaires de plusieurs continents qui nous présentent un lion peu fidèle à son image habituelle. Le roi des animaux, tour à tour peureux ou lâche, est ridiculisé ou berné par des animaux beaucoup plus faibles que lui. «La raison du plus fort n'est pas toujours la meilleure.»

108 **Dix histoires de diable** **Junior**

par Natalie Babbitt

Rude métier que celui du diable! Une réputation à tenir, et la lourde charge de l'enfer, de ses pensionnaires bien souvent grincheux (c'est logique), et de son personnel qui oublie parfois d'être démoniaque. Alors le diable descend sur terre pour y tenter quelques mauvais coup Mais il n'est pas si facile de duper les humains!

135 L'oiseau du grenadier — contes d'Algérie **Junior**
par Rabah Belamri
Dix-sept contes recueillis dans un village de Kabylie. De vrais contes, souvent drôles, parfois cruels, où la magie est omniprésente et dans lesquels la tendresse, l'humour et la dérision se font les garants de toute une tradition orale. Ces contes parleront à tous d'une culture authentique et colorée.

145 Contes des rives du Niger **Junior**
par Jean Muzi
Le Niger est l'un des plus grands fleuves d'Afrique. Voici vingt contes qui reflètent la culture des cinq pays qu'il traverse; la Guinée, le Mali, le Niger, le Bénin et le Nigeria. Derrière la simplicité des récits, le comique des situations et l'humour des personnages se cache une profonde sagesse.

169 Contes d'Afrique noire **Junior**
par Ashley Bryan
Dix contes africains pleins de vie, déroutants et drôles où l'on voit la poule ruser avec la grenouille, le buffle et l'éléphant se prendre de querelle, un bébé grenouille et un petit serpent jouer ensemble avant de se découvrir ennemis jurés...

185 Contes d'Espagne **Junior**
par Carmen Bravo-Villasante
Dix-sept contes tirés du trésor des récits traditionnels scrupuleusement recueillis dans les différentes régions d'Espagne. Des récits humoristiques, merveilleux et symboliques qui intriguent et réjouissent tout à la fois, et où la peur se tranforme rapidement en rire...

192 **Dix-neuf fables du méchant loup Junior**

par Jean Muzi

Dix-neuf fables et contes empruntés à la littérature populaire d'Europe, d'Asie et du Moyen-Orient dans lesquels le loup est accusé des pires cruautés. Tour à tour couard, naif, lourdaud, sot et borné, le loup tombe sans cesse dans les pièges les plus grossiers. Accablé de moqueries, ridiculisé et berné, il subit de cruels supplices.

241 **Les sept corbeaux et autres contes Junior**

par Jacob et Wilhelm Grimm

Les sept corbeaux est l'un des huit contes que contient ce volume où la dérision, l'humour et l'émotion se passent le relais. Parmi les plus célèbres : *Le petit Chaperon Rouge, Le loup et les sept chevreaux, Le lièvre et le hérisson.*

242 **Les trois fileuses et autres contes Junior**

par Jacob et Wilhelm Grimm

Les trois fileuses est l'un des quatorzes contes que contient ce volume où la fantaisie et l'imaginaire croisent souvent la réalité. Parmi les plus célèbres : *La Belle au Bois Dormant Le voyage du petit Poucet, Cendrillon, Tom Pouce, Blanche-Neige.*

287 **Dix-neuf fables d'oiseaux Junior**

par Jean Muzi

Ces fables, empruntées à la littérature populaire d'Europe, d'Asie et du Moyen-Orient, montrent des oiseaux moins écervelés qu'on le dit et qui savent jouer de malice pour ridiculiser des animaux bien plus impressionnants qu'eux...

Contes et Fables

293 L'enfant du vent **Junior**
par Ashley Brian

Quatre récits, mi-contes, mi-fabliaux, issus de différentes cultures d'Afrique noire. A-t-on jamais vu un lion père d'une nichée d'autruchons? Un gamin joue avec l'enfant du vent et découvre son secret. Le lièvre en a assez desjeux du chacal. L'enfant qu'on appelait le Nigaud devient astucieux en grandissant...

387 Dix-neuf fables de singes **Junior**
par Jean Muzi

Dix-neuf fables et contes empruntés à la littérature populaire d'Europe, d'Asie et du Moyen-Orient dans lesquels le singe est le héros. Il n'est pas seulement le bouffon que nous connaissons mais symbolise également chez certains la sagesse, le détachement et le bonheur.

488 Contes de la forêt Barrade en Périgord **Junior**
par Thalie de Molènes

La forêt Barrade est depuis des milliers d'années le refuge des fées, des sorciers et des créatures étranges Ouvrons grand nos yeux et nos oreilles, écoutons les histoires d'autrefois, celles que les anciens racontaient à la veillées, autour du feu de bois. Alors que, dehors, tout proches, le drac, les lébéroux, la bilhe blanche, la demoiselle de Chaban se partageaient le royaume de la nuit...

Castor Doc

Des documentaires en poche.
Les premières clés d'un savoir.

Des "poches" à lire d'un trait
ou à prendre et à reprendre.
Des textes pour ouvrir l'appétit de savoir
et stimuler la curiosité.

En termes simples et précis, des réponses
à vos curiosités, à vos interrogations.
Des textes de sensibilisation
sur des notions essentielles.
Des sujets variés.

Le sérieux de l'information
allié à la légereté du ton.

Des auteurs qui souhaitent
faire partager leur passion.

Une mise en pages dynamique.

Des titres, des intertitres
et de nombreuses illustrations
en une couleur éclairent les textes.

Un sommaire et un index détaillés
permettent de se référer rapidement
à un point précis.

Cet
ouvrage,
le cinq cent
quatre-vingt-huitième
de la collection
CASTOR POCHE,
a été achevé d'imprimer
sur les presses de l'imprimerie
G. Canale & C. S.p.A.
Borgaro T.se - Turin
en mars
1997

Cet ouvrage a été composé
par les Éditions Flammarion

Dépôt légal : avril 1997.
N° d'Édition : 4218. Imprimé en Italie.
ISBN : 2-08-164218-2
ISSN : 0763-4544
Loi n° 49-956 du 16 juillet 1949
sur les publications destinées à la jeunesse